本書の見方

本書では西日本で御城印を発行・発売しているお城を紹介している。御城印の解説と、お城の歴史や見どころも合わせて解説。観光をするときに役立つ情報も掲載しているので、ぜひ携帯してお城めぐりをしてみよう。

御城印解説
家紋などの印をはじめ、各御城印の特徴や見どころを解説している。

所在地・区分など
お城の所在地、「日本100名城／続日本100名城」「国宝／重要文化財」などの区分を掲載している。

御城印の主な頒布場所には㊞マークを付けている。バス停は青字にしている。

城名
現在使われている一般的な呼び方を掲載。

MAP・城郭DATA
お城へのアクセス、入場料金、開館時間、休館日などお城めぐりに欠かせない情報を紹介している。
※変更されている可能性もあります。築城年など一部伝承や推定によります。

本文
お城の歴史や見どころ、周辺の観光情報などを解説している。

御城印DATA
頒布場所・販売価格を掲載している。※頒布場所がお城以外の場合、各営業時間等はご確認ください。

写真提供・協力

安芸高田市役所商工観光課／朝来市役所産業振興部観光交流課／あまがさき観光局／綾町産業観光課／伊賀上野観光協会／伊賀文化産業協会／今治城管理事務所／宇和島市／大洲城管理事務所／おかやま観光コンベンション協会／鹿児島いちき串木野観光物産センター／亀山市観光協会／唐津城関連施設マネジメント共同企業体／観光交流企画室TAC／観音正寺／岸和田市観光振興協会／北九州まちづくり応援団／北広島町観光協会／京都市観光協会／高知城管理事務所／郡山城史跡・柳沢文庫保存会／佐賀城本丸歴史館／薩摩川内市観光物産協会／山陰中央新報社／滋賀県／信貴山観光協会／慈眼寺／新宮市観光協会／仁風閣／瑞龍寺／洲本市立淡路文化史料館／宙の駅／高取町観光協会／竹田市教育委員会／玉城町教育委員会／丹波市観光協会／千雅商事／津市観光協会／津市文化事業団／対馬観光物産協会／津山市観光協会公園管理課／道後公園湯築城資料館／鳥取市歴史博物館／鳥取市教育委員会文化財課／鳥羽市観光協会／長岡京市環境経済部商工観光課／名護屋城博物館／彦根城管理事務所／姫路観光コンベンションビューロー／福知山市役所文化・スポーツ振興課／福山城博物館／本郷観光協会／舞鶴市市民文化環境部地域づくり・文化スポーツ室／松江観光協会／松阪市観光協会／松山城総合事務所／丸亀市産業観光課／水口岡山城の会／三原観光協会／元離宮二条城事務所／安来市観光協会／吉田利栄／米子観光まちづくり公社／苓北町役場商工観光課／若桜町観光協会／iStock

※本書は2023年11月現在の情報を掲載しています。

[西日本]掲載御城印
エリアMAP

※本書では八地方区分のうち、中部地方(三重県)、近畿地方(京都府、大阪府、滋賀県、兵庫県、奈良県、和歌山県)、中国地方(鳥取県、島根県、岡山県、広島県)、四国地方(香川県、愛媛県、高知県)、九州地方(福岡県、佐賀県、長崎県、大分県、熊本県、鹿児島県)の城郭を掲載しています。

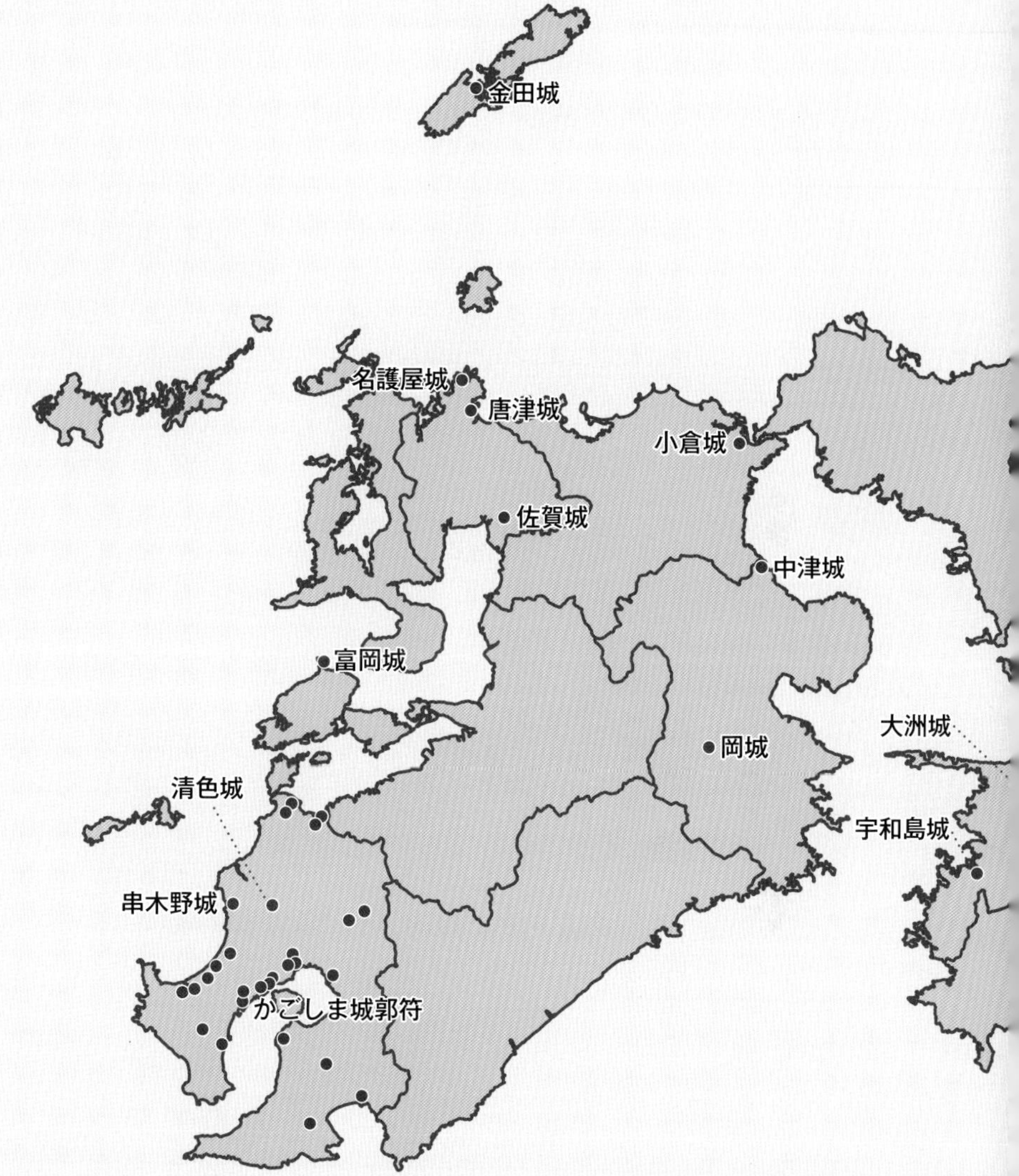
金田城
名護屋城
唐津城
小倉城
佐賀城
中津城
富岡城
岡城
大洲城
清色城
宇和島城
串木野城
かごしま城郭符

御城印

❷山名氏の家紋「五七桐に下根笹」が中央に配されている。

❶右上には「天空の城」と書かれ、左下に竹田城登城記念印の朱印が押されている。

兵庫県朝来市

日本100名城／国指定史跡

竹田城《たけだじょう》

山名氏と赤松氏の家紋入りの3バージョン

御城印DATA

販売場所	情報館「天空の城」など
販売料金	1枚300円、2枚セット500円、3枚セット700円（いずれも税込）

総石垣の日本のマチュピチュ

嘉吉《かきつ》元年（1441）の嘉吉の乱勃発後、山名《やまな》氏と赤松《あかまつ》氏の対立は深刻化していた。赤松氏に対抗する最前線基地として、当時の但馬《たじま》守護山名宗全《そうぜん》が重臣太田垣《おおたがき》氏に命じて築城したのが竹田城のはじまりとされている。

それから太田垣氏が7代に渡って城主を務めるも、天正《てんしょう》8年（1580）、羽柴秀《はしばひで》吉《よし》に攻められ落城。太田垣氏も没落したと考えられている。

その後の城主は羽柴秀長《ひでなが》（城代）、桑山《くわやま》重晴《しげはる》と続き、天正13年（1585）赤松広《あかまつひろ》秀《ひで》が入城。現在に残る石垣遺構を整備し、「仁政の主君」として領民から慕われていた。また、漆器産業や養蚕業を奨励し、現在に続く家具製造業などの地場産業の礎を築いた。他にも、近世儒学の祖とされる藤《ふじ》原惺窩《わらせいか》を支援したり、文禄《ぶんろく》・慶長《けいちょう》の役によって来日した朝鮮の儒学者姜沆《きょうこう》に教えを乞うなど、儒学の普及と振興にも貢献した。

慶長《けいちょう》5年（1600）、関ヶ原の合戦が起こると、当初西軍として田辺《たなべ》城攻めに加わった広秀だが、敗戦後に東軍の鳥取城《とっとりじょう》攻

竹田城跡に登城すると、まるで自分を包み込むようなパノラマの雲海が楽しめる。外から見るには竹田城跡向かいの立雲峡に登って眺めるとよい。

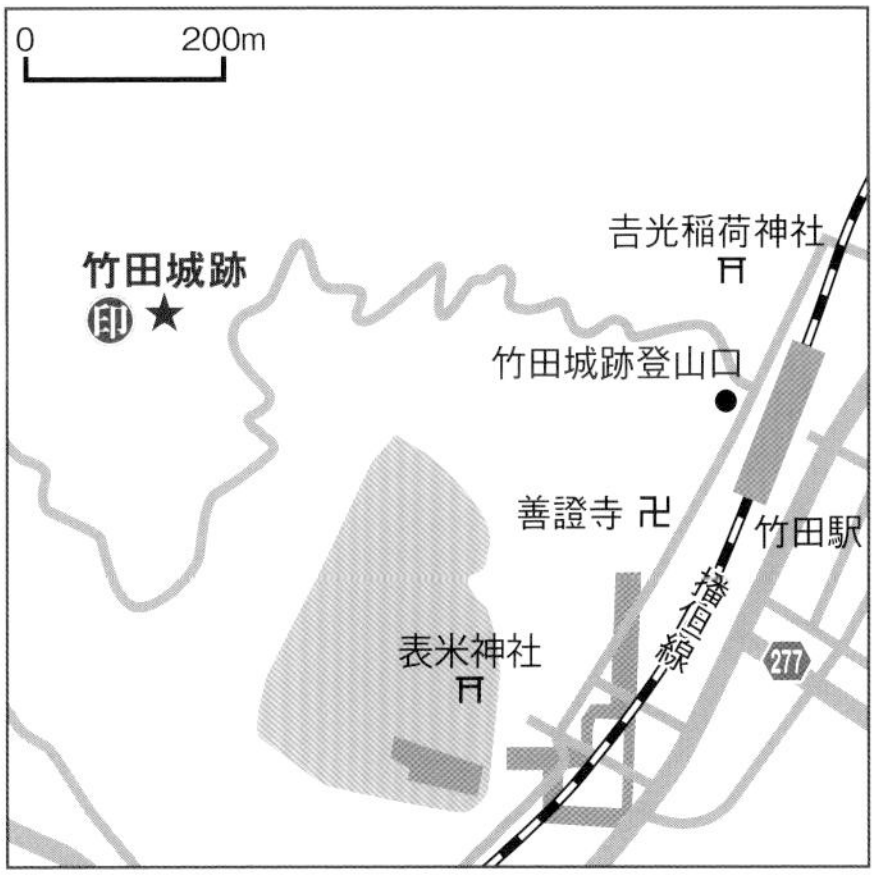

城郭DATA

築城年	嘉吉年間(1441～43)、天正13年～慶長5年(1585～1600)
別名	虎臥城
所在地	兵庫県朝来市和田山町竹田古城山169番地
営業時間	8:00～18:00(春／3月1日～5月31日)、6:00～18:00(夏／6月1日～8月31日)、4:00～17:00(秋／9月1日～11月30日)、10:00～14:00(冬／12月1日～翌年1月3日)(最終入場は、冬は13:00まで、それ以外は閉山30分前まで)
アクセス	JR竹田駅より「天空バス」15分で「竹田城跡」下車、徒歩20分
定休日	1月4日～2月末
駐車場	あり(無料)
入場料	大人500円

めに協力。その際、城下町に放火したとされ、その責を問われ、鳥取・真教寺にて自刃。竹田城も廃城となった。

日本を代表する中世山城の完成形

竹田城は播磨《はりま》・丹波《たんば》・但馬の交通上の要地の、標高353・7mの古城山山頂に築かれた山城《やまじろ》だ。秋の快晴の日に発生する濃い朝霧に取り囲まれ、雲海に浮かぶように見える姿から、〝天空の城〟とも呼ばれるようになった。

縄張《なわばり》は東西に約100m、南北に約400mで、戦国時代の完全な姿で存在する石垣遺構としては全国屈指の規模を誇る。

築城当初は天守台と本丸を中心に、三方に向けて放射状に曲輪《くるわ》が配置され、堀切《ほりきり》や竪堀《たてぼり》で守っていた。今に残る総石垣造の城に改修したのは最後の城主赤松広秀の時代。本丸の南方には南二の丸、南千畳が、北方には二の丸、三の丸、北千畳が築かれ、鳥が羽を広げたような形をしている。天守台の北西部、搦手《からめ》の位置には「花屋敷」と呼ばれる曲輪があり、向かい合った南北の石塁が防御性を高めている。

見どころは、当時の最先端の技法を結集した穴太積《あのうづみ》の石垣。石工集団である穴太衆によって、自然石が巧みに配置されている。石垣遺構周辺には多くの石取り場や大竪堀、登り石垣も確認され、倭城の形に類似している。

安土城や姫路城と同じ穴太積の石垣。自然の石の声を聞きながら積むという穴太衆によって築かれたといわれている。

バリエーション

山名氏＆赤松氏バージョン

竹田城にゆかりのある赤松氏の家紋「二引両に三つ巴」が中央に配されているバージョンもある。さらに、山名氏と赤松氏の家紋が一緒になったバージョンもある。

城跡内だけでなく、城下町や立雲峡もあわせて北近畿一番の桜の名所とも言われている。開花期間が長いのも特徴の一つ。

郷愁をさそう往時の街並み

竹田城跡の向かい側には海抜757mの朝来山があり、中腹の立雲峡は、無数の奇石や巨石が点在し、樹齢300年以上とされる山桜が群生している。四季折々の景色の中で竹田城跡を眺められる場所である。

麓の町には、城下町の特徴である、クランク状の道路が残っている。遠望の山並みや土塀、格子、軒先が揃った伝統的な商家の建物が保存されている。また、竹田城と同様に、茶色みがかった「加都石」の石積が町中のいたるところにある。

約600mにわたる寺町通りには4軒のお寺と表米《ひょうまい》神社が建ち並ぶ。寺院の中には竹田城主の墓や供養塔などがあり、通りに面した竹田川には鯉も放流されていて、絶好の散策路・写真スポットだ。

本丸から見て南二の丸の向こうには広大な曲輪、南千畳が広がる。

鳥取県鳥取市

日本100名城／国指定史跡・日本遺産

鳥取城《とっとりじょう》

令和以降の次世代への思いが込められた図案

御城印

❷紙は鳥取市青谷町の因州和紙を使用。鳥取城の印は陶印を鳥取市河原町の中井窯にて製作。揮毫は柴山抱海氏（鳥取市青谷町）。製作は有田抱光氏（鳥取市）と中井窯・坂本章氏（鳥取市河原町）。鳥取城印のデザインは初版のものと異なる。

❶揚羽蝶の羽ばたきに似せた鳥が飛翔する図案。右の「丸に揚羽蝶」は、江戸時代の藩主であった鳥取池田家の代表的な家紋。左の「角輪紋」は鳥取藩を構成する因幡（鳥取県東部）と伯耆（鳥取県中西部）を意味し、鳥取池田家が推奨した「文武両道の精神」を表しているといわれている。この図案には、鳥取城が「今日の鳥取県の礎となった大切なシンボル」であること、鳥取池田家の文武両道の精神を再び認識し、令和以降の次世代にも伝えていきたいという思いが込められている。

御城印DATA

販売場所	仁風閣 ※2023年12月28日まで。2024年1月4日より鳥取城跡仮ガイダンス施設（仮称）で販売予定。
販売料金	300円（税込）

「渇え殺し」の舞台で著名

もとは因幡《いなば》山名《やまな》氏の本拠だったが、毛利《もうり》氏に降伏し、戦国後期は毛利の因幡支配の拠点となっていた。その頃全国統一を目指す織田信長《おだのぶなが》と対立を深め、羽柴《はしば》（豊《とよ》臣《とみ》）秀吉《ひでよし》の軍に攻められた。天正9年（1581）、城主吉川経家《きっかわつねいえ》は4000人の籠城戦で抗戦するが、秀吉は総延長12㎞の包囲網で糧道を遮断。「鳥取の渇《かつ》え殺し」と言われた兵糧《ひょうろう》攻めを展開すると、城内では餓死者が続出した。惨憺たる有様に経家は降伏し、潔く切腹、鳥取城は開城となった。

その後、秀吉の家臣・宮部継潤《みやべけいじゅん》が入城。池田長吉《いけだながよし》の代にわたり、近世城郭の基礎を築いたと考えられている。鳥取藩の誕生後、山麓は大藩の政庁として整備され鳥取池田家12代の居城となった。

明治維新後、陸軍の施設として再利用され、明治12年（1879）には不要になった建物のほぼ全てが撤去された。大正時代には久松《きゅうしょう》公園が整備されたが、昭和18年（1943）の鳥取大地震では大きな被害を受ける。翌年市民を励ますために旧藩主

明治40年（1907）に完成した仁風閣。ルネサンス様式を基調とした木造瓦葺洋風建築で、東郷平八郎が命名した。県下で初めて電灯が点ったため、文明開化のシンボルとされている。

城郭DATA

築城年	天文年間、天正10年（1582）、慶長7年（1602）
別名	久松城（ひさまつのしろ）
所在地	鳥取県鳥取市東町2丁目
営業時間	自由に登城可能
アクセス	JR鳥取駅よりバスで5分 または鳥取市100円バス「くる梨 緑コース」で 「仁風閣・県立博物館」下車すぐ
定休日	ー
駐車場	あり（堀端に一般車6台、バス2台）
入場料	無料

鳥取池田家から鳥取市に城跡が寄贈され、石垣の修理や城跡の保存事業が進んでいる。

新旧2つの様式が共存する城郭

　鳥取城のある久松山は急峻で、防御性の高さや眺望の良さから「日本にかくれなき名山」と言われ、信長や秀吉も「名城」と評したという。戦国時代の山城《やまじろ》（山上ノ《さんじょうの》丸《まる》）と、江戸時代の麓《ふもと》の平山城《ひらやまじろ》（山下《さんげ》ノ《の》丸《まる》）が共存している珍しい城である。

　平山城部分には、二の丸、三の丸、天球《てんきゅう》丸《まる》などの曲輪《くるわ》がある。二の丸の辺りからは三階櫓跡などの見ごたえのある石垣が続き、竪石垣など珍しいものもある。東に進むと、虎口《こぐち》や枡形《ますがた》を通り天球丸にいたる。二の丸に久松山への登山口があり、40分ほど登ると山上ノ丸に到達する。眼下には鳥取平野、日本海に沿った鳥取砂丘《さきゅう》、中国地方最高峰の大山までも望むことができる。また、東には秀吉が本陣を構えた本陣山があるので、秀吉の大軍に包囲された吉川経家が見た景色を想像するのも良いだろう。

　一方、江戸時代に本丸と評された山城部分は、複数の曲輪を有し、各所に戦国末期から江戸時代初期の石垣が残っている。北

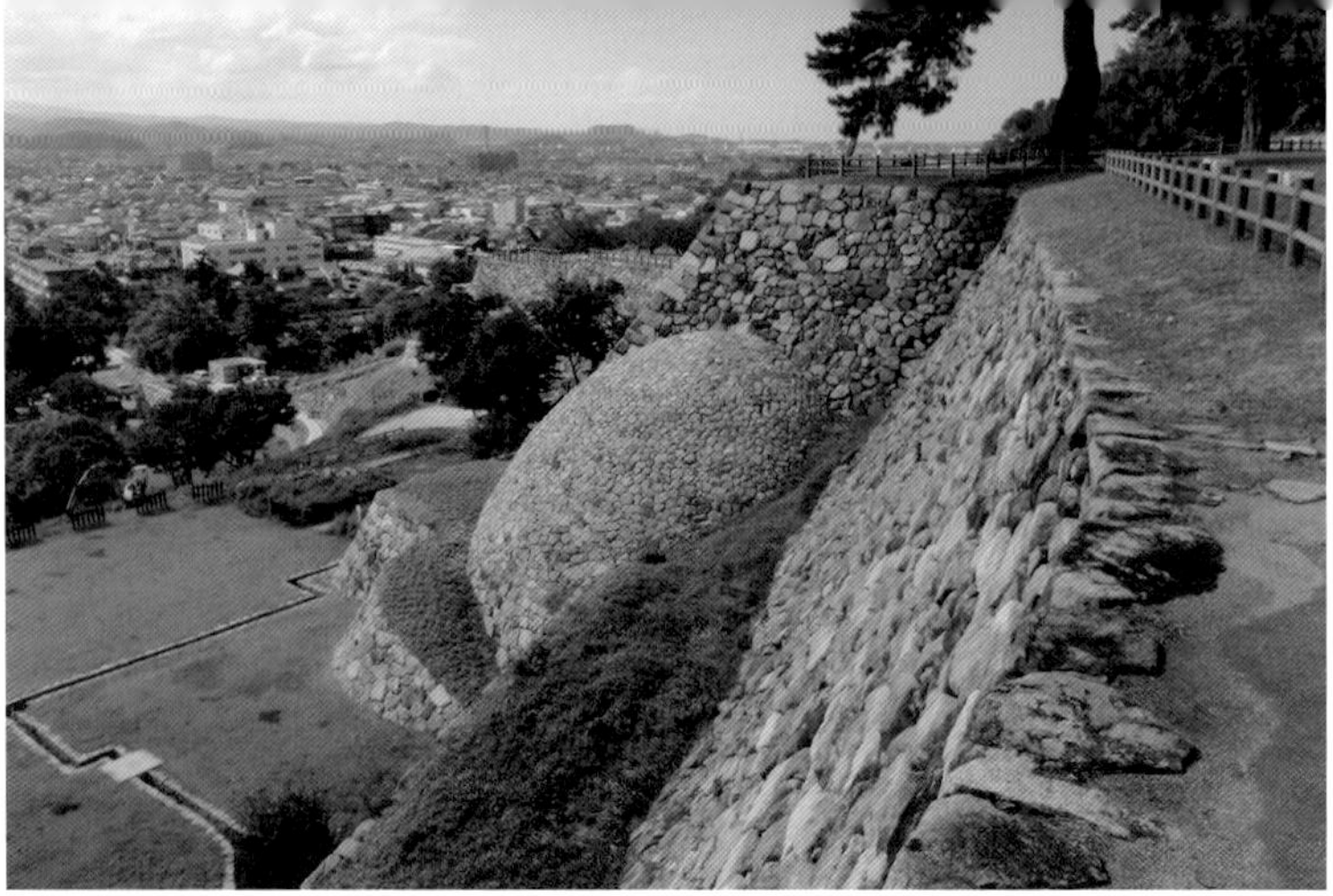

文化4年（1807）頃に膨らみだした石垣の崩落を防止するために築かれた球面の石垣「巻石垣」。球面の石を丸く積んだ石垣が見られるのは、ここだけである。

太閤ヶ平から見た鳥取城の様子。

鳥取城から見た太閤ヶ平。

天正8、9年（1580、81）の、因幡侵攻で羽柴秀吉が吉川経家と戦っているイメージで書かれた文字揮毫。背景には織田家家紋「織田木瓜」、信長からもらった羽柴秀吉時代の家紋「五三桐」、毛利家家紋「一文字に三つ星」、吉川家家紋「丸に三つ引両」。文字揮毫は鳥取県を代表する現代書の第一人者である柴山抱海氏。印製作と監修は書家の有田抱光氏。鳥取市歴史博物館（鳥取県鳥取市上町88）と仁風閣にて頒布している。1枚300円（税込）

太閤ヶ平DATA

所在地	鳥取県鳥取市
アクセス	JR山陰本線鳥取駅から鳥取市100円バス「くる梨　赤コース」で「樗谿（おおちだに）公園・やまびこ館前」下車5分
営業時間・定休日	自由に登城可能
駐車場	あり（第1、第2駐車場ともに無料）
入場料	無料

山下ノ丸の大手に復元された擬宝珠橋（手前）と中ノ御門表門。その先に宝隆院庭園がある。

端の天守は、池田家時代に三重から二重に減築され、落雷による焼失後は、山下ノ丸の三階櫓が天守の代わりを果たした。

日本最大級の土の城「太閤ヶ平」

後に太閤《たいこう》となった秀吉にちなんで太閤ヶ平《たいこうがなる》と呼ばれた豊臣軍の本陣跡は、秀吉が100日間全軍指揮にあたった場所である。鳥取城本丸から東へ1・5㎞、標高251mの本陣山の頂にあり、一辺50mの方形状で、周囲をめぐる土塁《どるい》の高さは最大5m。周囲には空堀《からぼり》をもち、櫓台も備えていた。

さらに、鳥取城を取り囲むように70ヶ所以上とも言われる陣城を配置。

ほかの陣城の本陣と比較しても圧倒的な土木量を誇っており、日本最高傑作の土の城と評されている。また、信長自身も鳥取への出陣を名言していることから、毛利と雌雄を決する場として想定されていた戦場ともいわれている。

鳥取城跡のふもとにある吉川経家の像。忠義ある武将として古くから市民に慕われている。

御城印

京都府京都市

日本100名城／世界文化遺産・国宝

二条城《にじょうじょう》

葵の御紋が押印された入城記念符

❶中央に押印された「葵の御紋」の型は、城内の建造物に遺っていた装飾金具から起こしたもの。

❷二条城では「入城記念符」と呼んでいる。イベント時などには、限定入城記念符の発売あり（時期未定）。

御城印DATA

販売場所	大休憩所内売店
販売料金	300円（税込）

日本の歴史を見届けてきた城

二条城は慶長《けいちょう》8年（1603）、徳川幕府の初代将軍徳川家康《とくがわいえやす》が築いた城である。天皇の住む京都御所の守護と、将軍上洛の際の宿泊所が目的であった。

寛永《かんえい》3年（1626）9月、後水尾天皇《ごみずのおてんのう》の行幸が行われた。それに先立ち二条城は大規模な改修が行われ、天守や行幸御殿、本丸御殿なども造営された。二の丸御殿には狩野《かのう》派の障壁画が描かれた。当時の行幸御殿は解体され、天守は五層で総塗籠の壮麗なものだったが後に落雷により焼失。本丸御殿も天明の大火で失われている。現在の本丸御殿は、明治期に桂宮《かつらのみや》邸から移築されたものである。

京都における儀式典礼の場ともされ、家康をはじめ、2代秀忠、3代家光もここで征夷大将軍《せいいたいしょうぐん》の宣下の祝賀を行っている。

慶応《けいおう》3年（1867）には、15代将軍慶喜《よしのぶ》が二の丸御殿で大政奉還《たいせいほうかん》の意思を表明している。政権を朝廷《ちょうてい》に返上することを申し出て、朝廷が王政復古の大号令を発して、徳川幕府の幕が降ろされた。

二の丸御殿の正門にあたる唐門。切妻造、桧皮葺の四脚門でその屋根の前後に唐破風が付く。重要文化財に指定されており、修復工事によって往時の姿が甦っている。

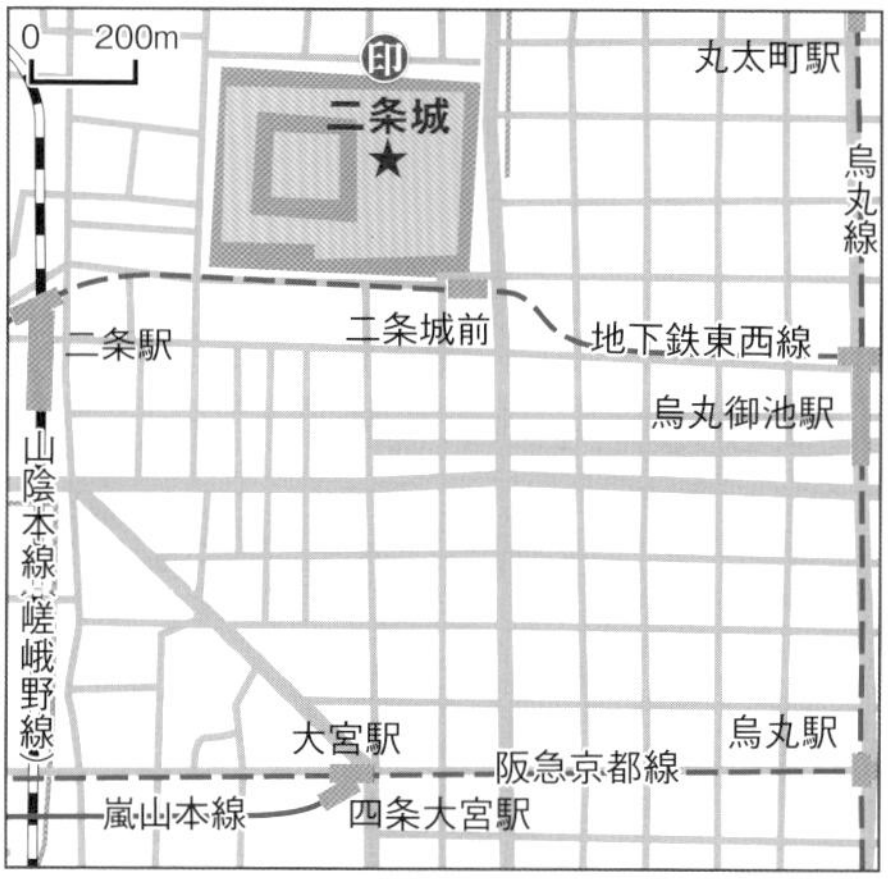

城郭DATA

築城年	慶長8年（1603）
別名	ー
所在地	京都府京都市中京区二条通堀川西入二条城町541
開城時間	8:45～16:00（閉城は17:00）
アクセス	京都市営地下鉄東西線「二条城前」駅下車すぐ
休城日	12月29～31日 ※二の丸御殿休殿日は12/26～12/28、1/1～1/3及び1･7･8･12月の毎週火曜（祝日の場合は開殿、翌平日休）
駐車場	あり（有料）
入城料	一般1,300円（入城料･二の丸御殿観覧料）

世界遺産にも登録されている

二条城の最大の見どころは、国宝に指定されている現存の二の丸御殿だ。全6棟の建物が、西北にかけて雁行《がんこう》型に並んでいる。江戸初期に完成した建築様式である書院造《しょいんづくり》の代表例として、日本建築史上貴重である。

内部には狩野派が手掛けた障壁画や、当時最先端の技術を用いた欄間彫刻や飾金具など、将軍の御殿にふさわしく、桃山《ももやま》文化を色濃く残す豪華絢爛な空間となっている。二の丸御殿は国内の城郭に残る唯一の御殿群として国宝に指定されている。

来殿者が控える遠侍《とおざむらい》は二の丸御殿最大の建物で、虎の間とも呼ばれ、障壁画の虎が睨みを効かせている。

将軍への用件や献上物を取り次ぐ場所とされている式台《しきだい》は表の「式台の間」と裏の「老中の間」からなる。

大広間は将軍と大名や公家衆との公式の対面所で、随所に将軍の権威を誇示する仕掛けが凝らされている。

その奥には、蘇鉄《そてつ》の間、黒書院《くろしょいん》、白書院《しろしょいん》が続く。また、二の丸御殿の廊下は、人が歩くと鳥の鳴き声のような音が鳴ることか

二条城の正門にあたる東大手門。現在の門は寛文2年（1662）頃の建築と考えられる。重要文化財に指定されている。

グッズ・お土産

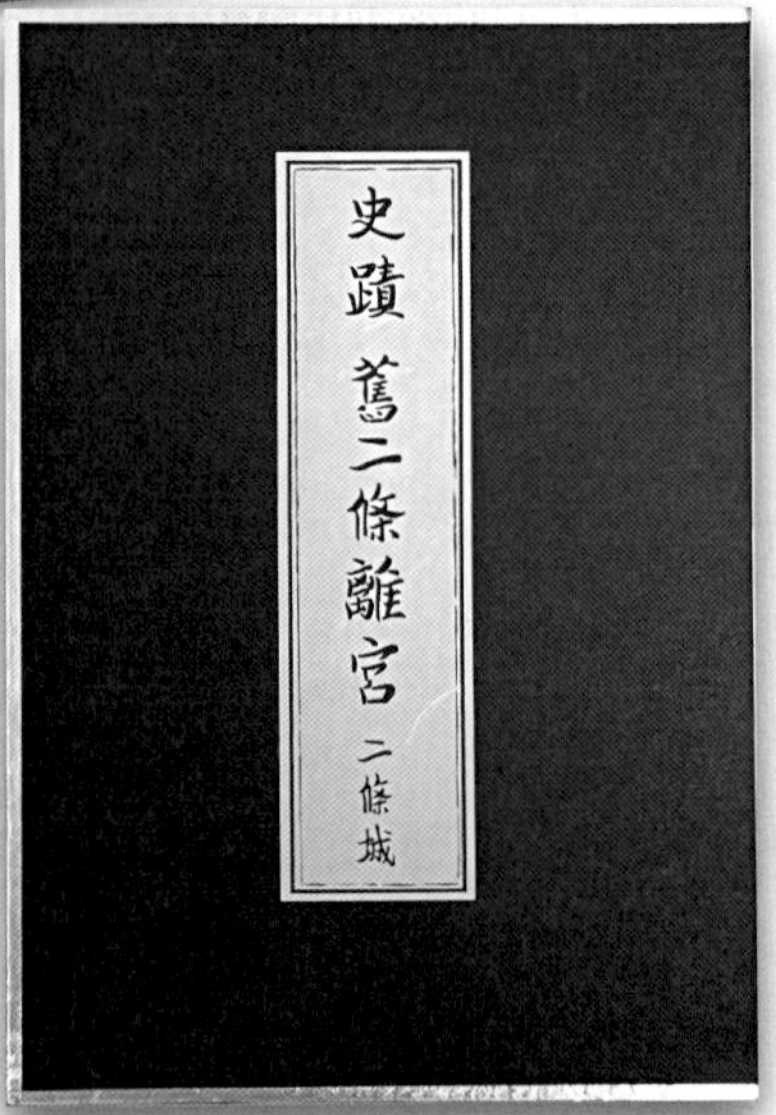

記念符用屏風型台紙

表紙に二条城東大手門前にある石碑の文字を使用。屏風型なので、左右の面に二種類の記念符を貼ることができる。1,400円（税込）※入城記念符料金は別途。

二条城限定御城印帳

様々な虎の画が描かれ『虎の間』と呼ばれている『遠侍』の障壁画。『竹林群虎図』をモチーフにデザインされた二条城限定の御城印帳。中はクリアポケット式なので、御城印を貼らずポケットに42枚収納できる。2,970円(税込)

ら「うぐいす張りの廊下」と呼ばれている。二条城を訪れた際はこちらもぜひ確認したい。

庭園も見どころの一つ。書院造庭園である二の丸庭園は神仙《しんせん》蓬莱《ほうらい》の世界を表した庭園といわれ国の特別名勝に指定されている。本丸庭園は、明治26年（1893）から翌年にかけて京都御苑内にあった旧桂宮邸の一部が移築されて、枯山水《かれさんすい》庭園が作庭されたがその後改修され、現在は明治29年（1896）に完成した芝庭風築山式庭園を見ることができる。

また、現在清流園《せいりゅうえん》の辺りには家康が建造を指示した慶長期の天守が存在していたが、二条城大改修の際、淀城に移築されている。その後、昭和40年（1965）、清流園が造成された。

二条城は二の丸御殿が国宝、東大手門など22棟が重要文化財に指定され、歴史的にも文化的にも価値があり、まさに世界文化遺産にふさわしい城である。

国宝に指定されている二の丸御殿は、大広間や蘇鉄の間、黒書院など6棟が雁行型に並ぶ。内部には代表的な「松鷹図」をはじめ、将軍の威厳を示す虎や豹、桜や四季折々の花を描いた狩野派の障壁画（模写画）で装飾されている。

本丸御殿の南側に広がる本丸庭園は、明治天皇の行幸の際に、枯山水庭園から大改造した庭園。2024年3月まで修復中。

御城印

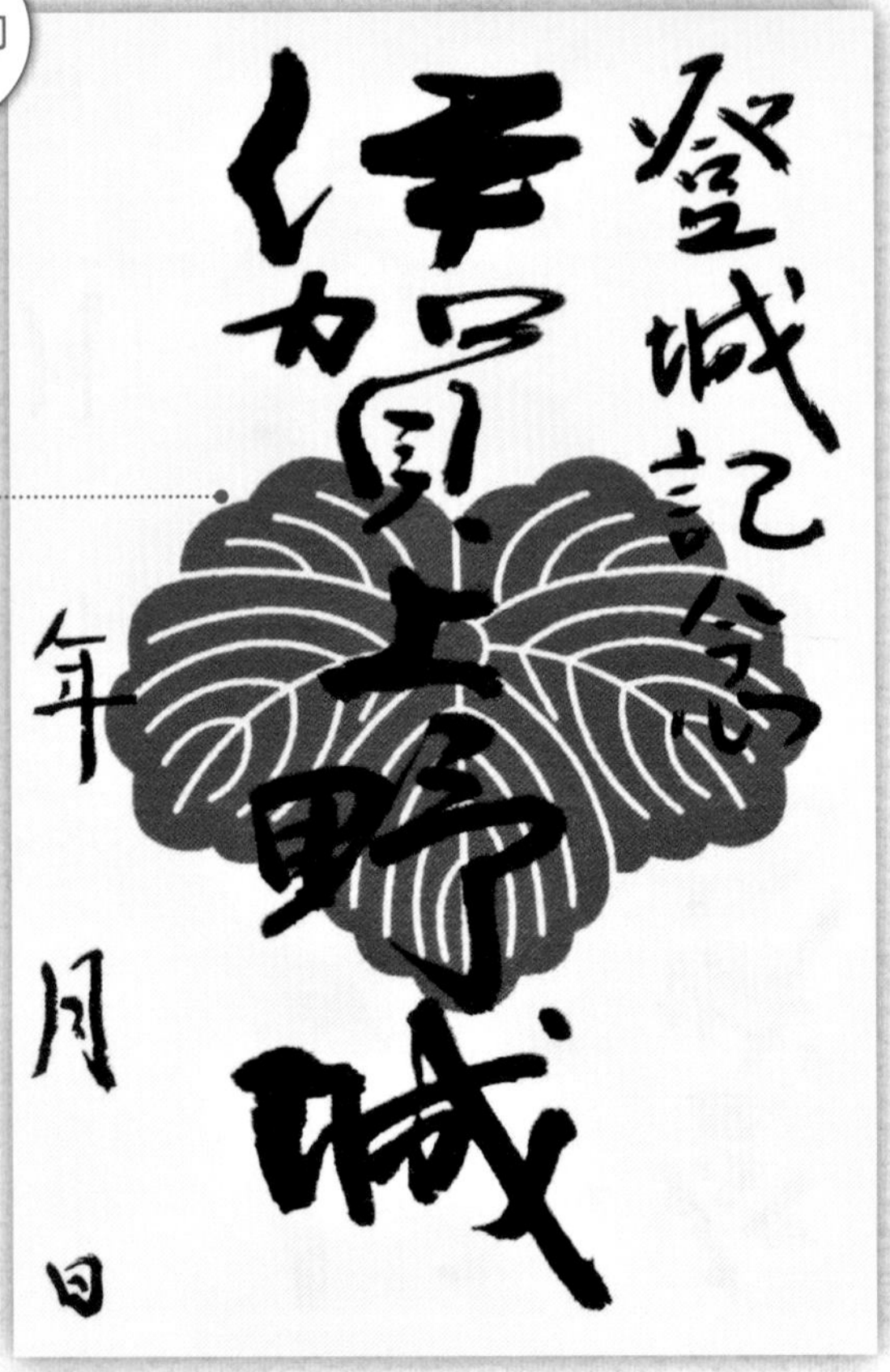

❶朱印は伊賀上野城の城郭を築いた藤堂高虎の藤堂家の家紋「蔦」。

❷三重県内の5城（津、亀山、勝佐、鳥羽、上野）の共同企画で作製。和紙に印刷してカバー紙に入れて持ち帰ることができる。

三重県伊賀市

日本100名城

藤堂家の家紋「蔦」を配した御城印

伊賀上野城《いがうえのじょう》

御城印DATA

販売場所	天守閣 チケット売場
販売料金	200円（税込）

大坂に対峙した徳川の城

天正《てんしょう》13年（１５８５）、平楽寺《へいらくじ》、薬師寺のあった台地に筒井定次《つついさだつぐ》によって築かれた伊賀上野城。菊岡如幻《きくおかじょげん》の『伊水温故《いすいうんご》』によると、高丘の頂上を本丸として、東寄りに三層の天守を建て、城下町は古くから開けた北側を中心としていた。定次は慶長《けいちょう》13年（１６０８）に改易となったが、天守は寛《かん》永《えい》10年（１６３３）頃に倒壊したと推定されている。

代わって城主となったのが、築城の名手、藤堂高虎《とうどうたかとら》である。元来、宇和島《うわじま》城主であったが、徳川家康《とくがわいえやす》より伊賀10万石、伊勢10万石、伊予2万石、計22万石を与えられ、国替えとなった。

家康の信任が厚かった高虎の目的は、紀伊や大和の反徳川勢の抑えと西国大名の監視、そして大坂・豊臣方との決戦に備えるための〝徳川の城〟の築城だった。大坂を守るための定次の城に対し、大坂に対峙するための城を築いたのである。

慶長20年（１６１５）、大坂夏の陣で豊臣方が敗れた後、高虎は津《つ》城に移り、城代を置く。初めに高虎の弟、高清《たかきよ》が務めた後、

昭和10年に復興された模擬天守「伊賀文化産業城」は、木造三層の大天守と二層の小天守からなる複合式天守。

城郭DATA

築城年	天正13年(1585)、慶長16年(1611)
別名	白鳳城
所在地	三重県伊賀市上野丸之内106
営業時間	9:00〜17:00(最終入場16:45)
アクセス	伊賀鉄道上野市駅から徒歩10分
定休日	12月29日〜31日
駐車場	あり(有料、1回600円)
入場料	大人600円、小人300円

家臣の藤堂采女《うねめ》家がおおむね城代を襲名し、藩政をあずかった。幕末まで国替えなく明治維新を迎えている。

現在、藤堂氏の天守台の上の復興天守を建てたのは、当地選出の代議士川崎克。多くの支援者の協力を得ながら私財を投じ、昭和10年（1935）10月18日に竣工した。伊賀地域の文化と産業の振興の拠点として、また伊賀のランドマークタワーとして市民に親しまれている。

本丸部分のみが城跡として整備されたが、その北に「伊賀流忍者博物館」、城下に古い商家や武家屋敷の長屋門などが軒を連ねる一角もある。

築城名人の傑作は未完のままに

藤堂高虎、加藤清正《かとうきよまさ》、黒田官兵衛《くろだかんべえ》の築城三名人のうち、いちばん多くの城を築いているのが藤堂高虎である。自らの居城、伊賀上野城だけでなく、宇和島城、今治《いまばり》城、津城のほか、天下普請《てんかぶしん》としても丹波篠山《たんばささやま》城、和歌山《わかやま》城、二条《にじょう》城、大坂城、膳所《ぜぜ》城など合計で20あまりの城を手掛けた。高虎流の築城術の特徴は、犬走《いぬばしり》の上に積み上げられた高石垣と広い水堀である。

三層三階の天守最上階。格天井には、横山大観など著名な文化人や政治家の大色紙46点がはめ込まれている。

グッズ・お土産

伊賀忍者にゆかりの神社仏閣をめぐる ご朱印めぐり「伊賀忍者回廊」

番外編「伊賀流忍者博物館」

伊賀全域（伊賀市・名張市）にある伊賀忍者ゆかりのある29ヶ所（番外編2ヶ所）の神社仏閣をめぐるご朱印めぐり「伊賀忍者回廊」。専用のご朱印帳（税込1,620円）は、伊賀上野観光協会（だんじり会館内）などで販売されている。

高虎は、慶長16年（1611）、伊賀上野城の本丸を西に拡張し、高さ29・7mの高石垣をめぐらせ南を大手とした。

さらに筒井家の本丸と合体させて新たな本丸を設置。ところが、五層の天守は、慶長17年（1612）9月2日、当地を襲った大暴風で建設中に倒壊した。一方で外郭には10棟の櫓（二重櫓二棟、一重櫓八棟）と長さ21間（約40m）の巨大な渡櫓をのせた、東西の両大手門や御殿などが建設された。

その後、幕府は城普請を禁じたため、伊賀上野城では天守が再建されないまま未完の城となったのである。

日本でトップクラスの高石垣

また、注目すべきは大坂城と並んで日本で最も高い石垣である。特徴は反りが少ないことで、通常、高石垣は加藤清正が築いた熊本城のように「扇の勾配」が普通だが、伊賀上野城はまっすぐで、無骨で重厚な印象である。

約30mの高さを誇る高石垣。

伊賀流忍者博物館ではカラクリや仕掛けのある「忍者屋敷」や、忍者の知識、生活、忍具について学べる「忍術体験館」「忍者伝承館」がある。また、本物の武器や忍具を使用する忍術実演ショーは必見。※休演日あり

❶蒲生氏の家紋「対い鶴」がデザインされている。

❷伊賀上野城・伊勢亀山城・津城・松坂城・鳥羽城・桑名城・田丸城の7つの城では、各観光協会が連携して御城印を作成し、販売している。

※松坂城の御城印はサンプル画像を掲載しています。

三重県松阪市

日本100名城／国指定史跡

松坂城《まつさかじょう》

蒲生氏の家紋「対《むか》い鶴」を大きく配置

御城印DATA

販売場所	松阪駅観光情報センター・豪商のまち松阪観光交流センター・松阪市立歴史民俗資料館・まつさか交流物産館
販売料金	300円（税込）

蒲生氏郷が縄張した石垣の城

松坂城は天正12年（1584）、それまでの功績により南伊勢12万3千石の松ヶ島《まつがしま》城主となった蒲生氏郷《がもううじさと》が、松ヶ島城の南約4㎞にある四五百森《よいほのもり》の丘陵上に築いた平山《ひらやま》城《じろ》である。城造りは急を要し、松ヶ島城の瓦の一部を再利用したり、石材には河原石のほか古墳時代の石棺の蓋なども使われた。天正16年（1588）に入城。城下町を「松坂」と改め、軍事・経済の要所となるべく伊勢街道も含めて整備した。

また、氏郷は城下町の経済発展を図るため、「町中掟」を定めて楽市楽座《らくいちらくざ》を推進し、近江日野や伊勢大湊から有力な商人を誘致。江戸時代には、三井家、長谷川家、小津家など多くの豪商が活躍して、のちに豪商の町と呼ばれる礎を築いたが、入城してわずか2年で会津42万石へ転封された。

氏郷が会津に移ると、服部一忠《はっとりかずただ》、古田重《ふるたしげ》勝《かつ》が入城した。古田重勝の時代に改修され、ほぼ現在の姿になったとされている。

三重の天守があった本丸と二の丸は、折を多用した石垣を積みあげて、要所に枡形《ますがた》虎口《こぐち》を配した堅固な構造を持つ。

天守は江戸前期に倒壊してすでにないが、意識的に屈折させ、雛壇のように並ぶ、全国でも屈指の壮大な石垣が見どころ。氏郷は、石垣工事に際して近江から穴太衆《あのうしゅう》と呼ばれる石垣専門の職人を呼び寄せたという。

長方形の石材を長短交互に積み上げていく「算木積」は二の丸で用いられており、加工され整えられた切り石が使われている。天守の「野面積」と比べると時代の違いがよく分かる。

築城当初の石垣は「野面積《のづらづみ》」と呼ばれる工法だったが、江戸時代の石垣修復時に積み直された石垣は「打込み接」や「算木積」と呼ばれる工法が見られる。

本丸は城郭の最頂部にあって上下2段に分かれ、三層からなる天守があった。天守と隣り合うように敵見櫓、対角の東角に金の間櫓があり、それぞれの櫓の間には多聞が巡らされ、つながっている。この連立式天守は近世城郭の先駆的なものとして高く評価されている。

天守跡や本丸跡のあたりで今も見られる野面積。自然石をほぼそのままの形で積み上げている。石と石の間に隙間があるので水はけが良く、堅固であるのが特徴。

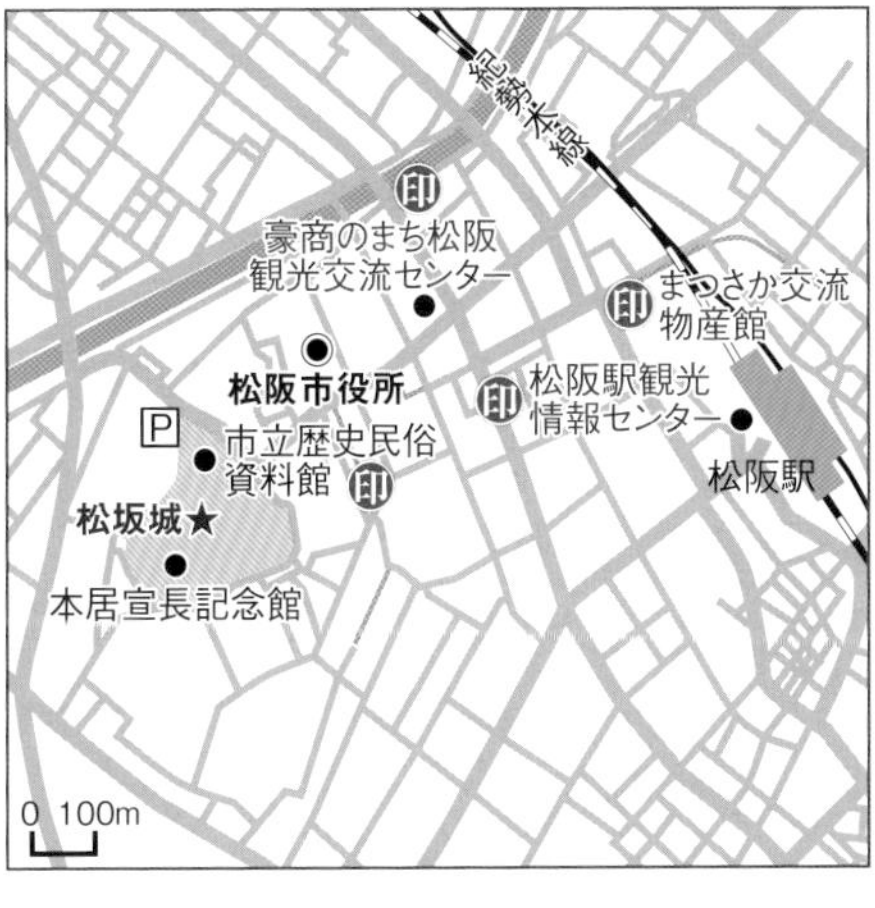

城郭DATA

築城年	天正16年(1588)
別名	―
所在地	三重県松阪市殿町
営業時間	―
アクセス	近鉄・JR松阪駅より徒歩15分
定休日	―
駐車場	あり(無料)
入場料	無料

御城印

❶中央に九鬼家の家紋「左三つ巴」の朱印が押されている。

三重県鳥羽市

鳥羽城《とばじょう》

水軍の本拠地とした九鬼家の家紋「左三つ巴」

御城印DATA

販売場所	鳥羽市観光案内所
販売料金	300円（税込）

海に開かれた九鬼水軍の根城

鳥羽は中世に「泊《とまり》」と呼ばれた志摩地域の海上交通の要衝だった。

南北朝時代には、志摩国守護代の城が築かれ、泊を姓とした氏族の存在も確認されている。

戦国末期には、九鬼水軍《くきすいぐん》で名高い九鬼嘉《よし》隆《たか》が頭角を現した。北畠《きたばたけ》氏の被官を経て織田信長に仕え、当地を領有するようになった。

鳥羽城は、九鬼嘉隆が文禄《ぶんろく》年間（1592～1596）に築いたもので、その後は九鬼水軍の本拠地となった。寛永《かんえい》10年（1633）に内藤忠重《ないとうただしげ》が入封した後、二の丸と三の丸を増設し、近世城郭としての体裁を整えている。

一般的に海城は、海を防御のために利用するのに対し、鳥羽城は建物の正門である大手門を海側に開く独特な城で、全国的にも珍しい特徴を有し、まさに水軍の城としてその威容を誇っていたという。

ところが、明治以後になると、建物は取り壊されてしまった。蓮池の堀は埋め立てられて錦町ができ、二の丸付近には造船所

鳥羽城跡には本丸跡などに石垣がわずかに残る。本丸からの眺望がよく、鳥羽駅からはアクセスしやすい。

が作られた。
　昭和37年前後には、家老屋敷跡に市役所や鳥羽幼稚園が建設され、三の丸への石段も新しいものにかえられている。本丸周辺には往時を偲ぶことができる石垣が残るほか、本丸跡からは、九鬼嘉隆が自害した答《とう》志《し》島《じま》をはじめ鳥羽湾が展望できる。

鳥羽城本丸跡からは、九鬼嘉隆が自害した答志島をはじめ鳥羽湾が展望できる。

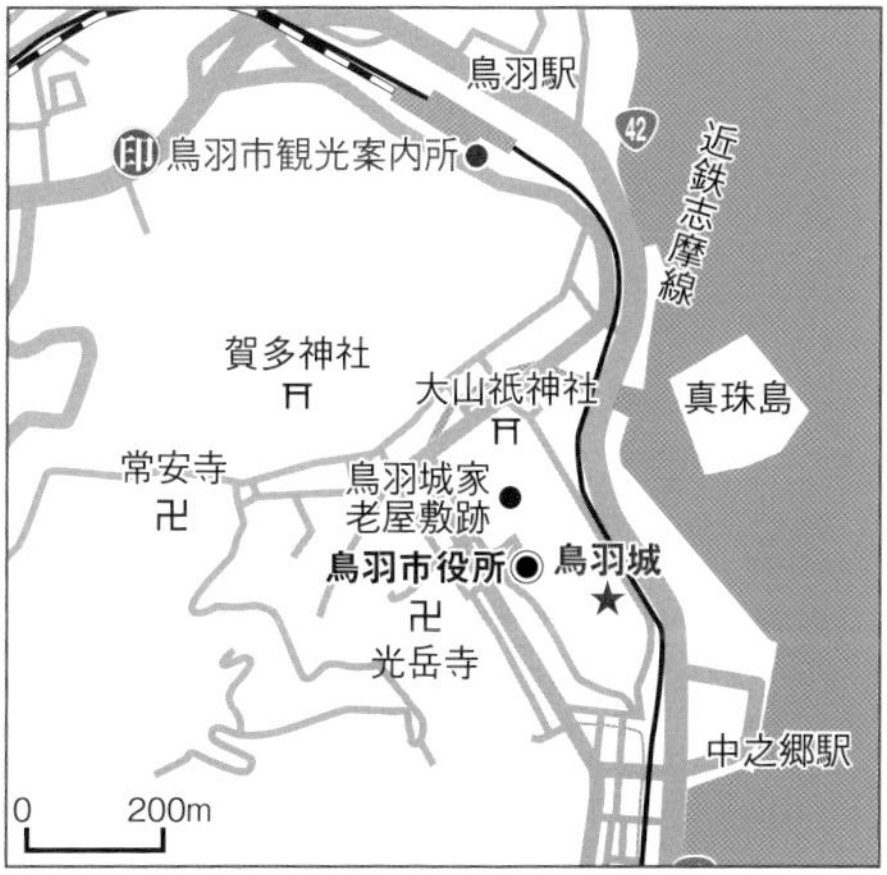

城郭DATA

築城年	文禄3年（1594）
別名	錦城
所在地	三重県鳥羽市鳥羽3丁目
営業時間	—
アクセス	JR・近鉄鳥羽駅下車徒歩約10分
定休日	—
駐車場	あり（無料）
入場料	無料

御城印

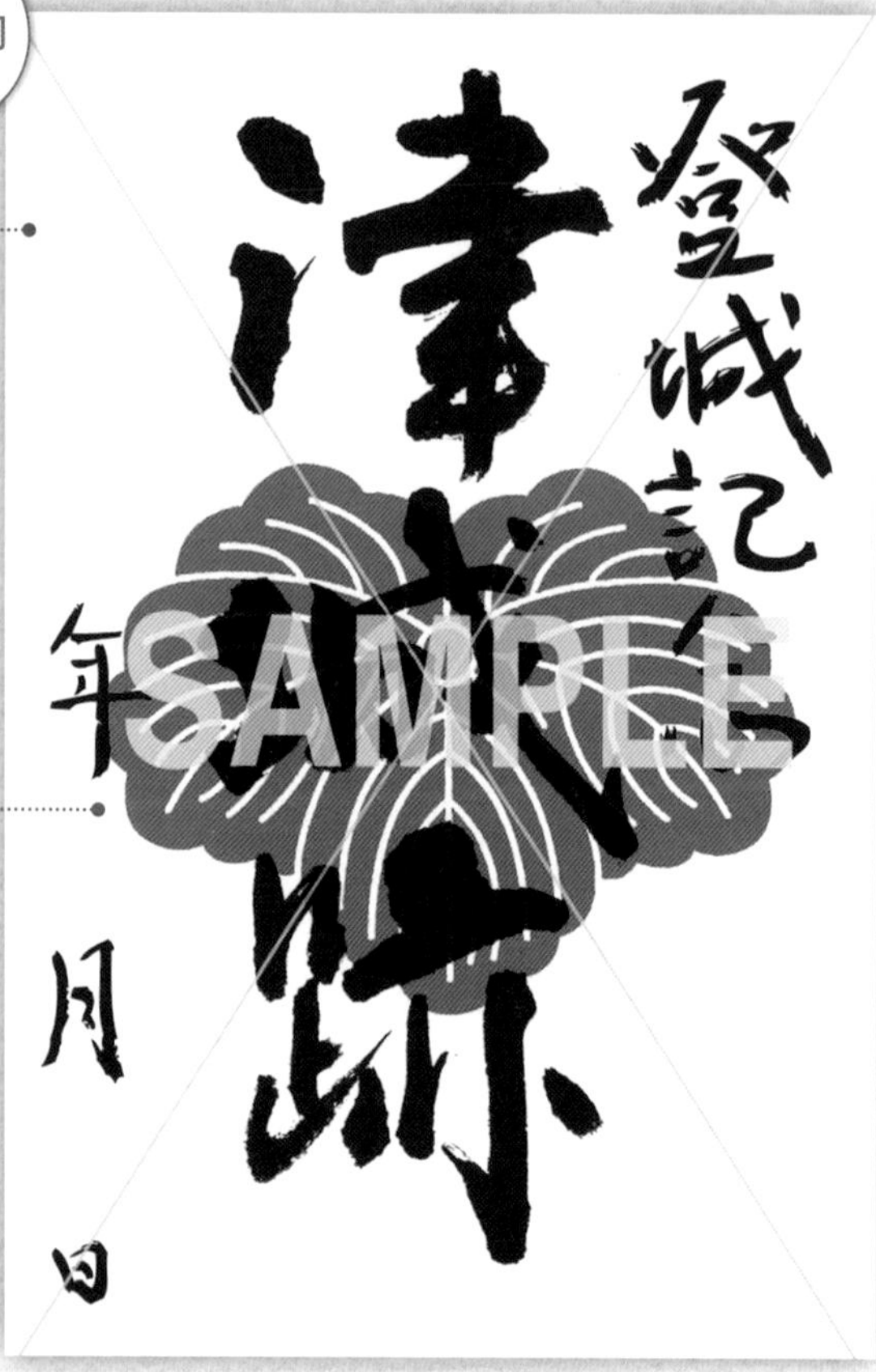

❶台紙は特別な和紙で提供している。

❷背面に押印されているのは藤堂家の家紋「藤堂蔦」。

※津城の御城印はサンプル画像を掲載しています。

三重県津市

続日本100名城／県指定史跡

津城《つじょう》

津藩祖・藤堂高虎の家紋「藤堂蔦」を押印

御城印DATA

販売場所	津駅前観光案内所
販売料金	300円（税込）

津藩祖・藤堂高虎が改修した

織田信長《おだのぶなが》の伊勢《いせ》国侵攻に伴い地元の雄・長野氏に養子入りした弟・信包《のぶかね》が天正《てんしょう》8年（1580）に五層の天守を建てて安濃津《あのつ》城として完成させた城が津城のルーツである。以降、津は城下町として発展してきた。文禄《ぶんろく》3年（1594）に信包が豊臣秀吉《とよとみひでよし》に改易《かいえき》され、翌年富田《とみた》氏が城主となり、知《とも》信《のぶ》、信高《のぶたか》親子2代に渡り約15年支配した。

富田市は秀吉に仕えていたが、関ヶ原の合戦の前に徳川《とくがわ》方へ就いたため、毛利《もうり》秀元《ひでもと》を総大将とする約3万人の西軍勢に攻められた。信高は城に立て籠もり、籠城戦を行ったが、城を明け渡した。その後、東軍が勝利すると、再び信高は城主に返り咲いたが、徳川家康《いえやす》の命により、慶長《けいちょう》13年（1608）、藤堂高虎《とうどうたかとら》が伊予国今《いよのくにいま》治《ばり》から移封して津藩祖となる。慶長16年（1611）に大規模な改修を行い、北側の石塁を高く積み直し、東北と西北の両隅に三重の櫓を造った。

津城最大の特徴は最大100mにもおよぶ幅の広い内堀と、本丸北側に代表される直線的な稜線《りょうせん》を持った高石垣《たかいしがき》だ。平城《ひらじろ》でも

現在も、直線的な稜線が特徴の石垣と、内堀の一部を見ることができる。

固い防御の城となり、これは築城の名手と呼ばれた高虎ならではの城造りの特徴だ。

同時に、城の周囲には武家屋敷を造り、伊予から連れてきた町人たちを岩田川の南に住まわせて、伊予町を作った。

このように津の基礎が作られ、2代藩主の高次《たかつぐ》はそれをもとに、城下を整備、32万石の城下町として栄えた。

明治維新後、建物は全て取り壊され、城郭も外堀が埋められ、新しい道や町が作られるようになった。

現在は、本丸、西の丸、内堀の一部を残すのみとなっており、城跡はお城公園として整備されている。

お城公園内には、騎馬に乗り、有名な唐冠形兜（とうかんなりかぶと）を被っている藤堂高虎の銅像が建っている。

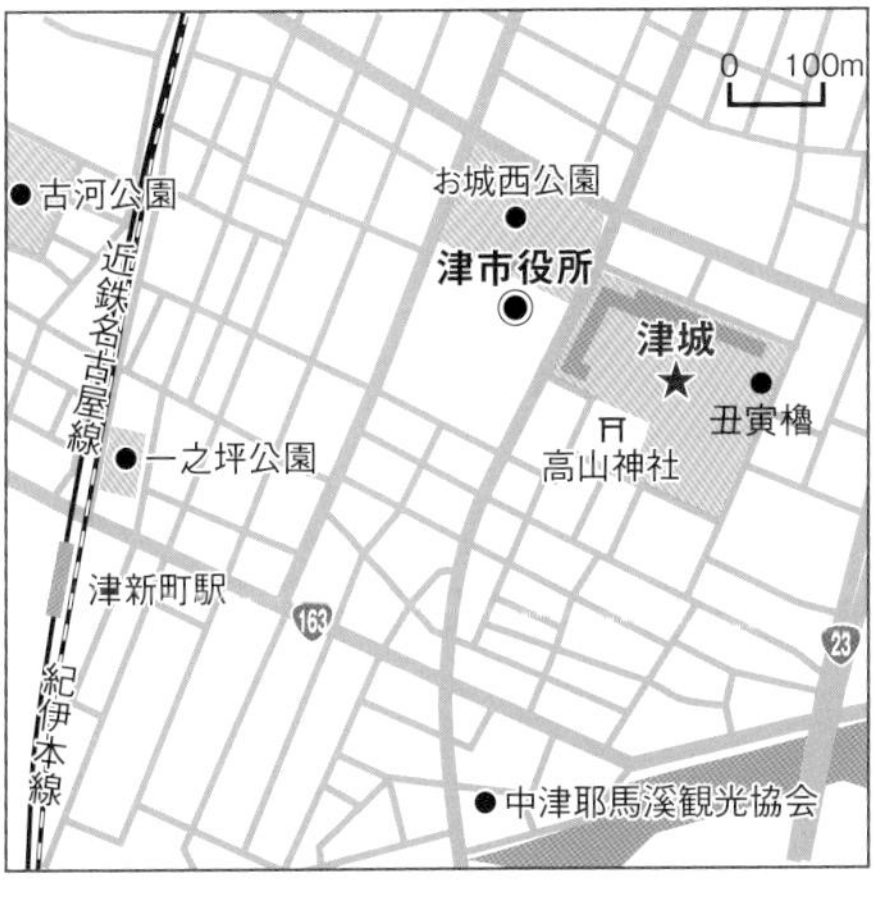

城郭DATA

築城年	天正8年（1580）
別名	安濃津城
所在地	三重県津市丸之内27
営業時間	ー
アクセス	近鉄津新町駅から徒歩15分
定休日	ー
駐車場	あり（有料）
入場料	ー

御城印

三重県度会郡玉城町

続日本100名城／県指定史跡

田丸城《たまるじょう》

久野氏入城400年記念の御城印

❶久野家の家紋「瓜に三つ巴」の朱印が押されている。

御城印DATA

販売場所	玉城町教育委員会窓口（村山龍平記念館内）
販売料金	無料（スタンプ形式のため朱印帳にご自身で押すことができます）

北畠氏が築いた伊勢南朝方の拠点

延元《えんげん》元年（１３３６）、南朝方の拠点として北畠親房《きたばたけちかふさ》・顕信《あきのぶ》父子が砦を築いたのが最初と言われている。

その後、15世紀後半に城主となった愛洲《あいす》氏が後に田丸氏を名乗る。

戦国時代の永禄《えいろく》12年（１５６９）、織田《おだ》信長《のぶなが》が伊勢に侵攻。二男信雄《のぶかつ》に北畠氏を継がせた。

信雄は田丸城を伊勢支配の拠点として築き、本格的な石垣や天守台に相当した巨大な櫓台を備えた城として改修して、一時本拠とした。信長による安土築城の前年である天正《てんしょう》3年（１５７５）に完成したとされ、天守のある城として日本最古といわれている。

その後、稲葉氏、藤堂氏と城主が代わり、元和《げんな》5年（１６１９）には紀伊《きい》徳川《とくがわ》家《け》付家《つけが》老《ろう》の久野《くの》氏が城主となった。明治維新を迎えて廃城となる。

城は本丸を西寄りに配し、北に北の丸、南に二の丸、東に三の丸を構えて、水堀で囲んでいた。織豊《しょくほう》期から江戸時代を通じて

田丸城跡に残る石段。

使用されたため、さまざまな石積《いしづみ》の手法が見学できる。本丸北側には穴蔵《あなぐら》（地階）を備えた天守台がある。

現在、城跡には石垣や天守台、江戸時代中期に建てられた富士見門などの建造物が当時の姿を留め、物資の搬入や普段の城の出入りに使われた搦手道なども見ることができる。

田丸城の御城印は、久野氏が田丸城を与えられてから２０１９年で４００年を迎え、それを記念して平成31年（２０１９）４月下旬より頒布が開始されている。

天守跡には稲葉氏が築いたと推定される天守の土台が残っている。

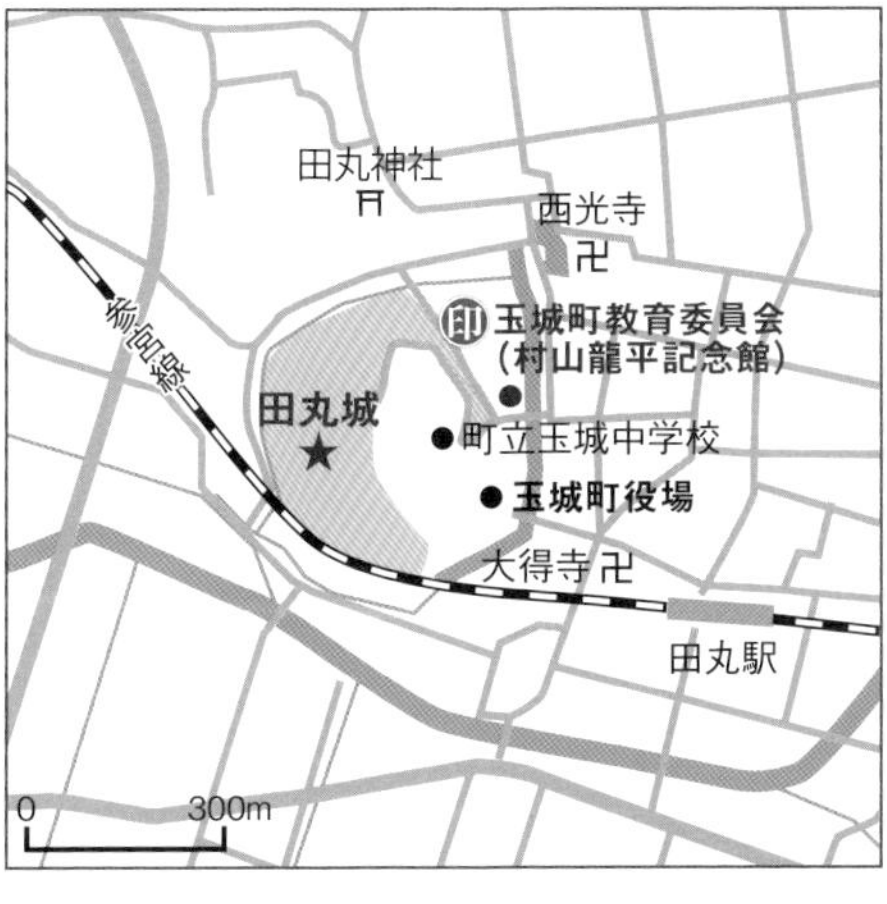

城郭DATA

築城年	延元元年（建武3年・1336）
別名	玉丸城
所在地	三重県度会郡玉城町田丸114-1
営業時間	ー
アクセス	JR参宮線田丸駅より徒歩5分
定休日	ー
駐車場	あり（無料）
入場料	無料

御城印

三重県亀山市

重要文化財

亀山城《かめやまじょう》

伊勢和紙に石川家の「笹竜胆」が押されている

❶台紙は伊勢和紙を使用している。

❷石川家の家紋「笹竜胆」の朱印が押されている。

御城印DATA

販売場所	①亀山市観光協会②関宿ふるさと会館売店③しぼりや（衣料品店）
販売料金	300円（税込）

三重県で唯一現存する城郭建造物

天正《てんしょう》18年（1590）、現在の地に岡本《おかもと》宗憲《むねのり》が築城。その際には、本丸・二の丸、三の丸からなり、天守もあげられていたといわれている。

この天守は寛永《かんえい》9年（1632）、三宅《みやけ》康盛《やすもり》の代に下ろされた。丹波《たんば》亀山《かめやま》城（現在の京都府亀岡市）の修築を幕府より命じられた堀尾忠晴《ほりおただはる》が、間違えて解体してしまったという伝承もある。

正保《しょうほう》年間（1644〜1648）、本多《ほんだ》俊次《としつぐ》が城主の時に天守跡に現在の多門櫓《たもんやぐら》が建てられた。明治6年（1873）の廃城令により、亀山城は廃城となった。

多門櫓は天守台といわれる本丸高石垣上にあり、三重県内に唯一現存する城郭建造物である。18世紀後半頃に建てられ、平屋建白壁の塗込で屋根は入母屋《いりもや》造《づく》りで、東西北の三方に破風《はふ》があり、平時は武器庫として利用していた。

昭和28年に県史跡に指定された多門櫓。特に桜や積雪の頃は野趣にあふれ、高石垣の上にそびえる姿は当時と変わらぬ風情を残している。

近隣には江戸時代を忍ばせる東海道関宿がある

明治期には士族授産の木綿《もめん》段通《だんつう》工場として使用されていたため破壊を免れた。多門櫓は昭和28年に、県史跡及び県有形文化財（建造物）に指定されている。平成の大修理が平成25年3月に完成し、往時の姿に復原するというコンセプトの元、真っ白な白壁の漆喰となっている。

城跡は亀山公園として整備され、近くには江戸時代を偲ばせる伝建地区の東海道関宿がある。

亀山公園として整備された城跡には、多くの人が集う。

城郭DATA

築城年	天正18年（1590）
別名	粉蝶城
所在地	三重県亀山市本丸町572番地
営業時間	年末年始を除く、土曜日・日曜日・祝日は多門櫓の内部公開を行う。（公開時間10:00～16:00）
アクセス	JR亀山駅から徒歩10分
定休日	月曜日～金曜日　※外観の見学は可能
駐車場	あり（無料）
入場料	無料

御城印

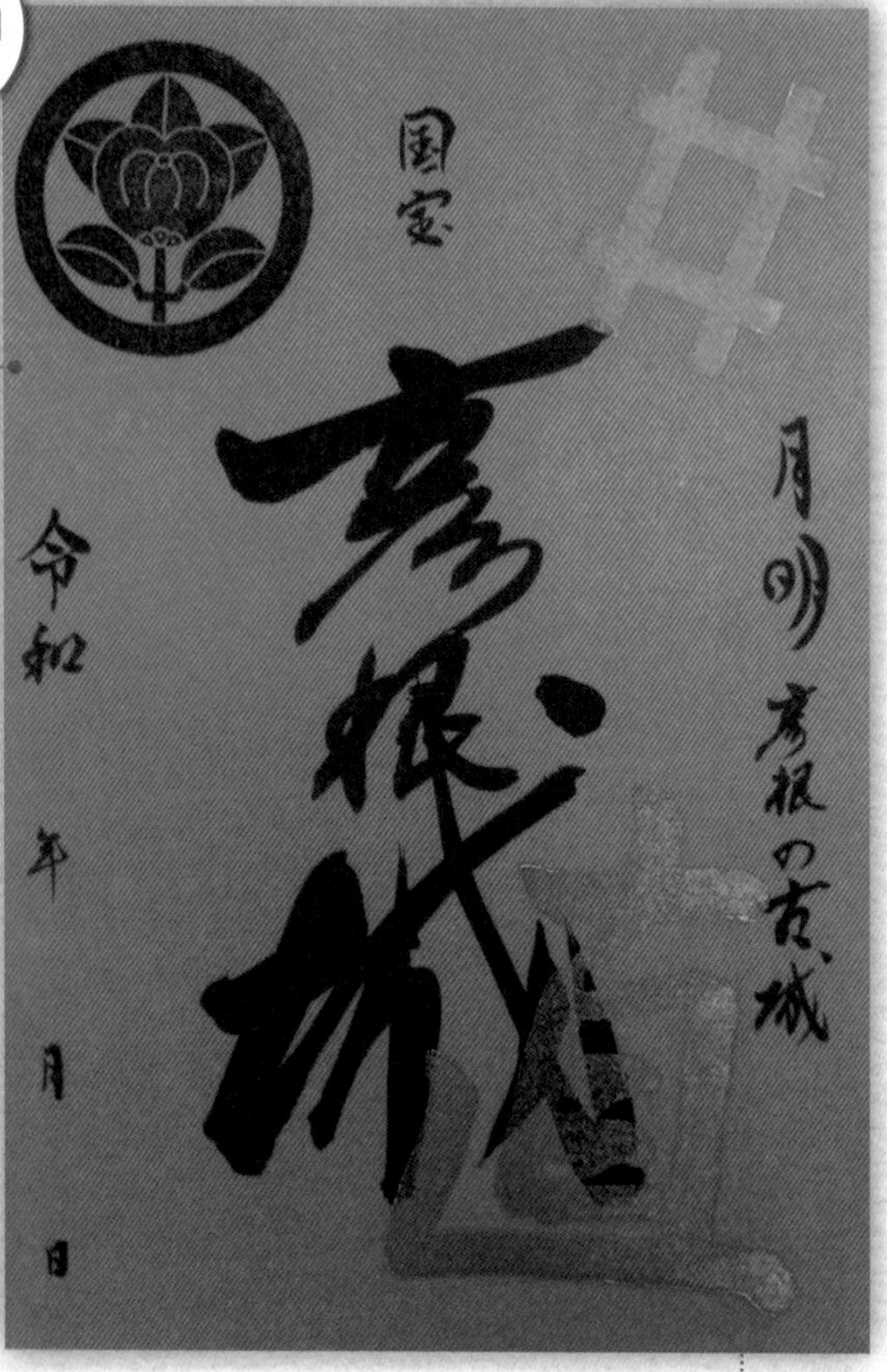

❶用紙は「井伊の赤備え」をイメージした朱色。

❷井伊家の家紋「橘紋」、井伊家の旗印「井桁」、井伊家の当主の通字「直」をスタンプで押している。「直」は、井伊家18代当主井伊直岳氏の署名を基に作成。

滋賀県彦根市

日本100名城／国宝

彦根城《ひこねじょう》

井伊の赤備えをイメージした朱色の御城印

御城印DATA

販売場所	開国記念館
販売料金	300円（税込）

国宝天守を持つ井伊家の居城

徳川《とくがわ》四天王の一人に称される井伊直政《いいなおまさ》は、関ヶ原の合戦の武功により、翌年敵将であった石田三成《いしだみつなり》の居城であった佐和山《さわやま》城に入った。新城を計画中であったが、その最中に死去。

慶長《けいちょう》9年（１６０４）、嫡子直継《なおつぐ》の代に彦根山（別名：金亀山）の地に着工された。天守や櫓などが近隣の城郭から移築されたと伝えられており、主要部分は2年足らずで完成したが、大坂の陣で工事は中断。再開後の元和《げんな》8年（１６２２）頃、城下町を含め城郭の全容が完成した。その間20年である。

明治時代には城の解体が始まったが、明治天皇の北陸巡幸に同行した大隈重信《おおくましげのぶ》が彦根城の保存を天皇に願い出たことから、解体が中止されたという。天皇の従姉妹が懇願した説もあるが、いずれにせよ主要な建物は残り、昭和31年（１９５６）には一帯が特別史跡となった。平成8年（１９９６）には築城以来5回目の大改修が完了し、現代に美しく蘇った。

彦根は古来、交通の要衝で、領地争いが

国宝の天守。通し柱を用いずに各階ごとに積み上げていく方式で、櫓の上に高欄を付けた望楼を乗せる古い形式である。

絶えなかった。徳川家康《いえやす》も、依然として勢力が強い豊臣《とよとみ》家や豊臣色の強い西国大名を抑えるために築城を急いだが、一度も戦を経験することはなかった。

藩主が訪れることもあまりなかった天守には、歴代藩主の甲冑などが収納され、軍用というより、藩の象徴の役割を担っていたようだ。国宝で現存12天守の一つであり、三階三重で規模は比較的小ぶりながら、屋根は切妻破風《きりづまはふ》、入母屋破風《いりもやはふ》などを多様に配し、2階と3階には花頭窓《かとうまど》、3階には高欄付きの廻縁を巡らせるなど外観に重きを置いている。

本丸にはかつて、天守のほかにも藩主の御殿である御広間や宝蔵《ほうぞう》、着見櫓《つきみ》なども建っていた。

彦根城本丸。北西には附櫓があり、さらに長い多聞櫓が連なっている。

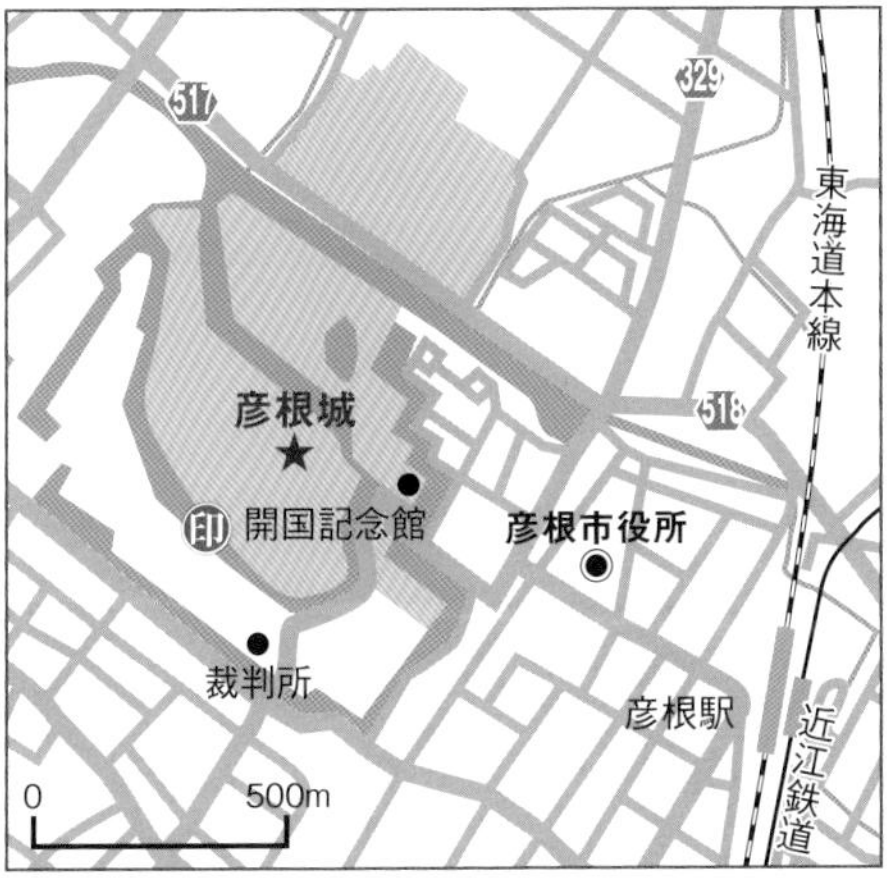

城郭DATA

築城年	慶長9年（1604）
別名	金亀城
所在地	滋賀県彦根市金亀町1-1
営業時間	8:00～17:00（最終入場16:30）
アクセス	JR「彦根駅」から徒歩15分
定休日	なし
駐車場	あり（有料）
入場料	800円

御城印

滋賀県近江八幡市
日本100名城／国指定史跡

観音寺城《かんのんじじょう》

観音正寺でもらえる「城郭符記念印」

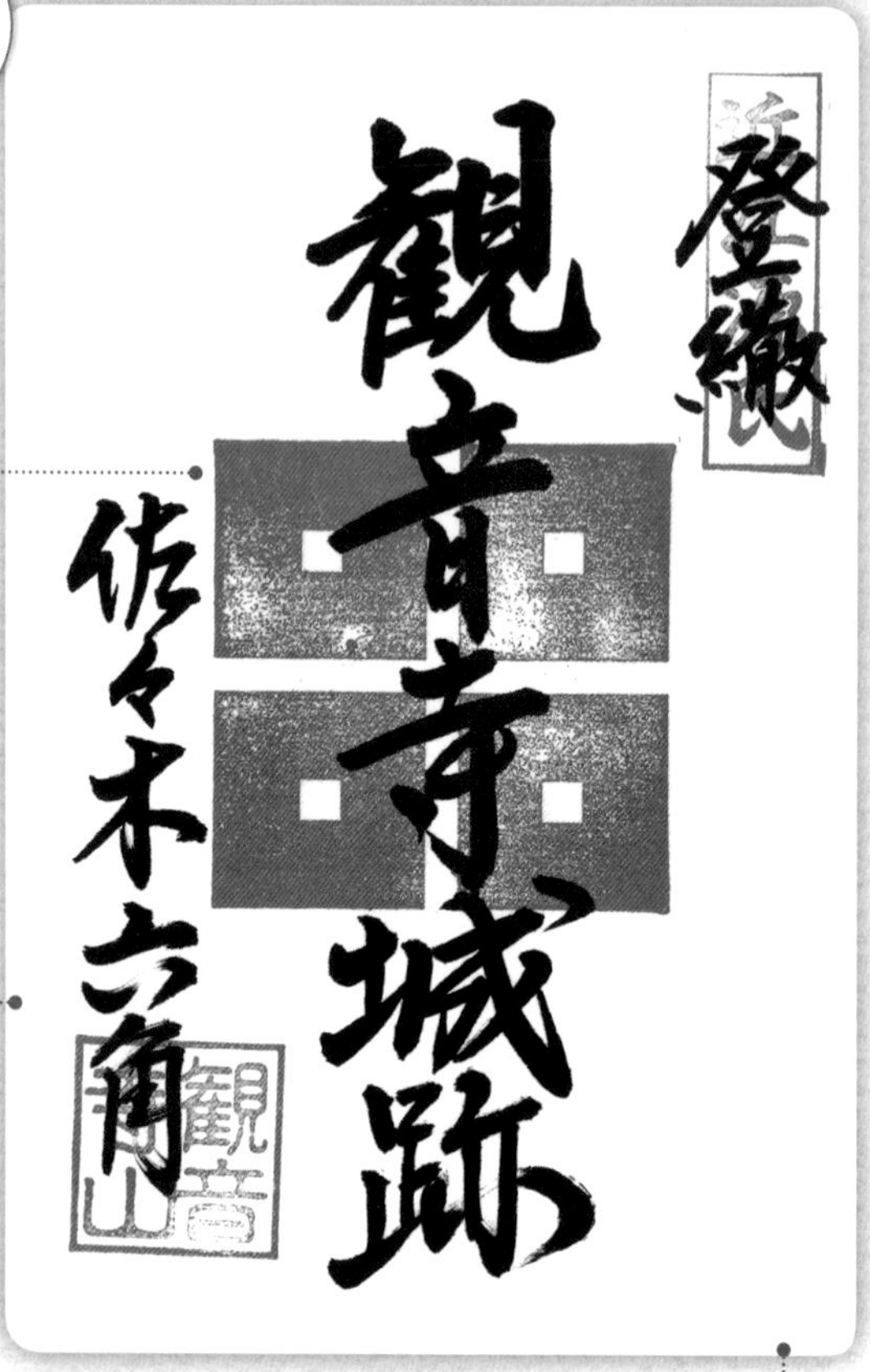

❶観音正寺では「観音寺城 城郭符 記念印」を販売している。書置きのみとなり、帳面などに直接書いてもらうことはできない。日付の記入はなく、日付を希望する場合、スタンプを事務局で貸し出してくれる。

❷押印は佐々木氏の家紋「目結紋」。

❸台紙がシールになっており、貼り付けることができる。

御城印DATA

販売場所	観音正寺受付及び事務局
販売料金	350円（税込）、2種セット700円（税込）

戦国最大級の巨大山城

近江《おうみ》守護佐々木六角《ささきろっかく》氏の本拠となった城。戦国期拠点城郭《じょうかく》の典型例の一つで、16世紀前半から石垣《いしがき》、石塁《せきるい》を築き、本格的に普請を行ったと考えられており、当時としては最先端の城郭であった。

主郭部の高石垣のほか、曲輪《くるわ》群を石垣で固めており、六角氏の居館には二階建ての御殿も存在。永禄《えいろく》11年（１５６８）の上洛戦の際に、六角義賢《よしかた》・義治《よしはる》父子が逃亡した。この城には織田信長《おだのぶなが》も登っているという。

標高４３３ｍの繖山《きぬがさやま》に築かれ、そのいたるところに石塁・土塁をめぐらして曲輪を構築し、その曲輪群を野面積《のづらづみ》の石垣で固めている。曲輪群は見事に連なり、未発達ながらも高い石積技術があったことがわかる。本丸や屋敷に高石垣を採用したのは日本で初めてとされ、安土《あづち》城の総石垣造りの先駆と言われている。

発掘調査によって、本丸には2階建ての御殿、池田丸には会所と常御殿、蔵、茶室を備えた武家屋敷があったことがわかっている。

同じ繖山にある観音正寺《かんのんしょうじ》は聖徳太子《しょうとくたいし》が人

繖山の山頂から南斜面ほぼ全域にわたって石垣・石塁を巡らしており、家臣団屋敷などが建っていたとされる大小無数の曲輪が築かれていた。

魚のために開基した寺院といわれている。本堂は、明治期に彦根《ひこね》城の欅御殿《けやきごてん》を貰い受け移築したものだったが、平成5年（1993）に本堂と本尊を焼失。その後、平成16年（2004）に木造入母屋造《いりもやづくり》の新しい本堂が落慶。新たな御本尊として迎えたのは、総白檀の丈六千手千眼観世音菩薩座像である。

近年造営された新しい本堂だが、慈悲深い観音が鎮座する堂内は白桂木の香気にあふれ、心安らぐ空間となっている。

また、その立地の高さから「天空の寺院」とも呼ばれており、安土町の大パノラマが広がる。安土城のあった安土山や、西の湖をはじめ、絶景を楽しむことができる。

繖山は琵琶湖の東に位置する山で、西国観音巡礼第32番札所の観音正寺がある。

城郭DATA

築城年	15世紀中頃
別名	佐々木城
所在地	滋賀県近江八幡市安土町石寺2番地
営業時間	8:00～17:00（観音正寺）
アクセス	JR東海道本線「安土駅」から徒歩約60分
定休日	ー
駐車場	あり（無料）
入山料	大人500円、中高生300円

滋賀県甲賀市

国指定史跡

水口岡山城《みなくちおかやまじょう》

通常版の他、バルーン城版を発売

御城印

❶家紋は上から水口岡山城の初代城主・中村一氏の「立ち沢瀉」、2代城主・増田長盛の「枡」、3代城主・長束正家の「花菱」を配置。

❸水口岡山城伝本丸跡より出土した鬼瓦の揚羽蝶の文様をスタンプにしたもの（甲賀市教育委員会より提供）。

❷揮毫は長束の子孫である花輪竹峯氏によるもの。

御城印DATA

販売場所	甲賀市ひと・まち街道交流館
販売料金	200円（税込）

東海道と内陸部の押さえとして築城

中世から戦国期にかけて、甲賀《こうか》の地を支配し続けてきたのは、「甲賀衆」などと呼ばれる在地領主たちで、自らの領域を自分たちで守るために、一族が「同名中《どうみょうちゅう》」として結束するだけでなく「郡中惣《ぐんちゅうそう》」と呼ばれる自治連合組織を作り上げた。

永禄《えいろく》11年（1568）、織田信長《おだのぶなが》が近江《おうみ》に侵攻してくると、甲賀衆の和田《わだ》氏は信長に味方をしていた。しかし、甲賀衆のすべてが信長に味方したわけではなく、六角氏に味方した者もいた。

天正《てんしょう》10年（1582）、本能寺《ほんのうじ》の変で信長が明智光秀《あけちみつひで》に討たれ、羽柴秀吉《はしばひでよし》が政権を引き継ぎ、東海道と内陸部の押さえとして、甲賀衆を改易させ、水口岡山城を築き、中《なか》村一氏《むらかずうじ》を城主とした。

その後も天正18年（1590）に増田長《ましたなが》盛《もり》、文禄《ぶんろく》4年（1595）に長束正家《なつかまさいえ》と豊臣政権を支えた重臣達が城主を務めている。

しかし、慶長《けいちょう》5年（1600）、五奉行の一人である長束正家は豊臣家を擁護し、徳川家康を弾劾。関ヶ原の合戦では毛利秀《もうりひで》

水口岡山城が築かれた
古城山（大岡山）の遠景。

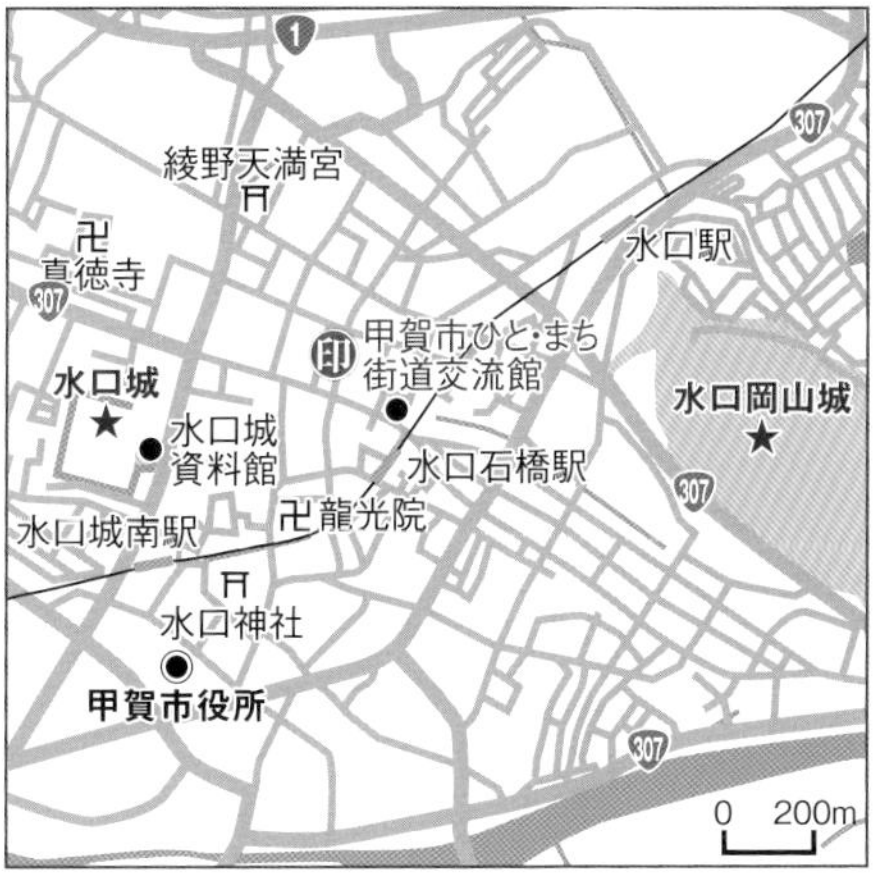

城郭DATA

築城年	天正13年（1585）
別名	ー
所在地	滋賀県甲賀市水口町水口字古城
営業時間	ー
アクセス	近江鉄道水口駅から登り口まで徒歩10分
定休日	ー
駐車場	あり（無料）
入場料	ー

バリエーション

金文字箔押し版

「出張！お城EXPOin滋賀・びわ湖2022」に合わせて発売された「金文字箔押し版」。600円（税込）

元《もと》・吉川広家《きっかわひろいえ》とともに南宮山に布陣したが、本戦には参加できないままに敗走した。

　水口岡山城に逃げると包囲され、自刃したと伝わっている。水口岡山城はそのまま一旦は池田長吉《いけだながよし》の預かりとなったが、戦後処理として廃城となった。

山頂に築かれた織豊系城郭

　城の中枢部へ出入りする虎口《こぐち》は、織豊《しょくほう》系城郭に見られる枡形《ますがた》虎口が用いられている。虎口を入るとすぐに、帯曲輪《おびぐるわ》があり、門内右脇に通路を遮断するように、食い違い虎口が作られている。

　山頂には、本丸跡と考えられている曲輪がある。東端と西端に櫓《やぐら》台が設けられている。曲輪群の間には、堀切《ほりきり》があり、堀切を挟んだ本丸の東側に、二の丸と伝えられている曲輪がある。曲輪は長方形をしており、御殿のような建物が建っていたと想定され

ランドマークとしての水口岡山城がもつ魅力を発信するために作成されたバルーン城。

水口城《みなくちじょう》

城郭DATA

築城年	寛永 11 年（1634）
別名	ー
所在地	滋賀県甲賀市水口町本丸4-80
営業時間	10:00〜17:00
アクセス	近江鉄道水口城南駅から徒歩5分
定休日	木曜日、金曜日、年末年始（資料館）
駐車場	あり（無料）
入場料	100円

水口岡山城より西に車で7分ほどの近さにある水口城でも、御城印を販売している。朱印は徳川家の家紋「徳川葵」と、水口藩を治めていた加藤家の家紋「下り藤」。揮毫は明治三筆（日下部鳴鶴・中林梧竹）の一人である巖谷一六の文字。そして、水口城と十字形西洋剣（水口レイピア）のシルエットもデザインされている。

る。さらに、伝二の丸の東側の曲輪は三の丸と伝えられており、城中枢部の最東端には、三の丸から一段下がった位置に出丸《でまる》が築かれている。また、城の西端には、西の丸と伝わる曲輪がある。

本丸の北側には部分的に石垣が残っている。廃城後の破壊などにより当時の面影を部分的に残すのみだが、伝本丸は総石垣だったと推定される。当時の威容を想像することができるだろう。

山頂部周辺には瓦が散布しており、礎石のような石も点在するので、櫓をはじめとする建物が存在したと考えられる。

現在、水口岡山城跡の南側山麓には近世の水口宿の町並みが広がり、旧東海道が東西に通っている。水口宿のうち、近江鉄道水口石橋駅近くの「石橋」以東が水口岡山城下町と考えられている。

水口岡山城と水口城

甲賀市水口町には豊臣期の城「水口岡山城」だけでなく、隣接して江戸期の「水口城」がある。水口城は江戸幕府3代将軍家《いえ》光《みつ》が、上洛に先立ち宿館として築城させた。御殿は二条《にじょう》城を模し、平地で四方を水堀が囲っている。ところが、家光は一度しか使用せず、天和《てんな》2年（1682）から加藤明《かとうあき》友《とも》が2万石で城主となり、水口藩が成立した。

水口城の近くには、江戸時代の水口藩主加藤家の祖である戦国大名加藤嘉明《かとうよしあき》を祀っている、藤栄《ふじさか》神社がある。加藤嘉明が所持したと伝えられ、ヨーロッパのレイピアをモデルとして日本国内で製作された「十字形洋剣」（水口レイピア）でも有名である。

およそ400年前に製作されたといわれるこの剣は藤栄神社の社宝として伝えられている。レイピアは刺突をその使用法とし、15世紀にはじまり現在のフェンシングにつながることで知られている。

当時の権力者が南蛮人（ヨーロッパ人）から手に入れ、好奇心を持ってその複製を制作させたものだと思われる。国内では、他にこのような洋剣は知られていない。

バリエーション

バルーン城出現時
不定期販売の限定版

バルーン城が出現したときのみ販売される限定版。水口岡山城の歴代城主の家紋が並び、揚羽蝶文鬼瓦スタンプとバルーン城のシルエットがデザインされている。（税込200円）

御城印

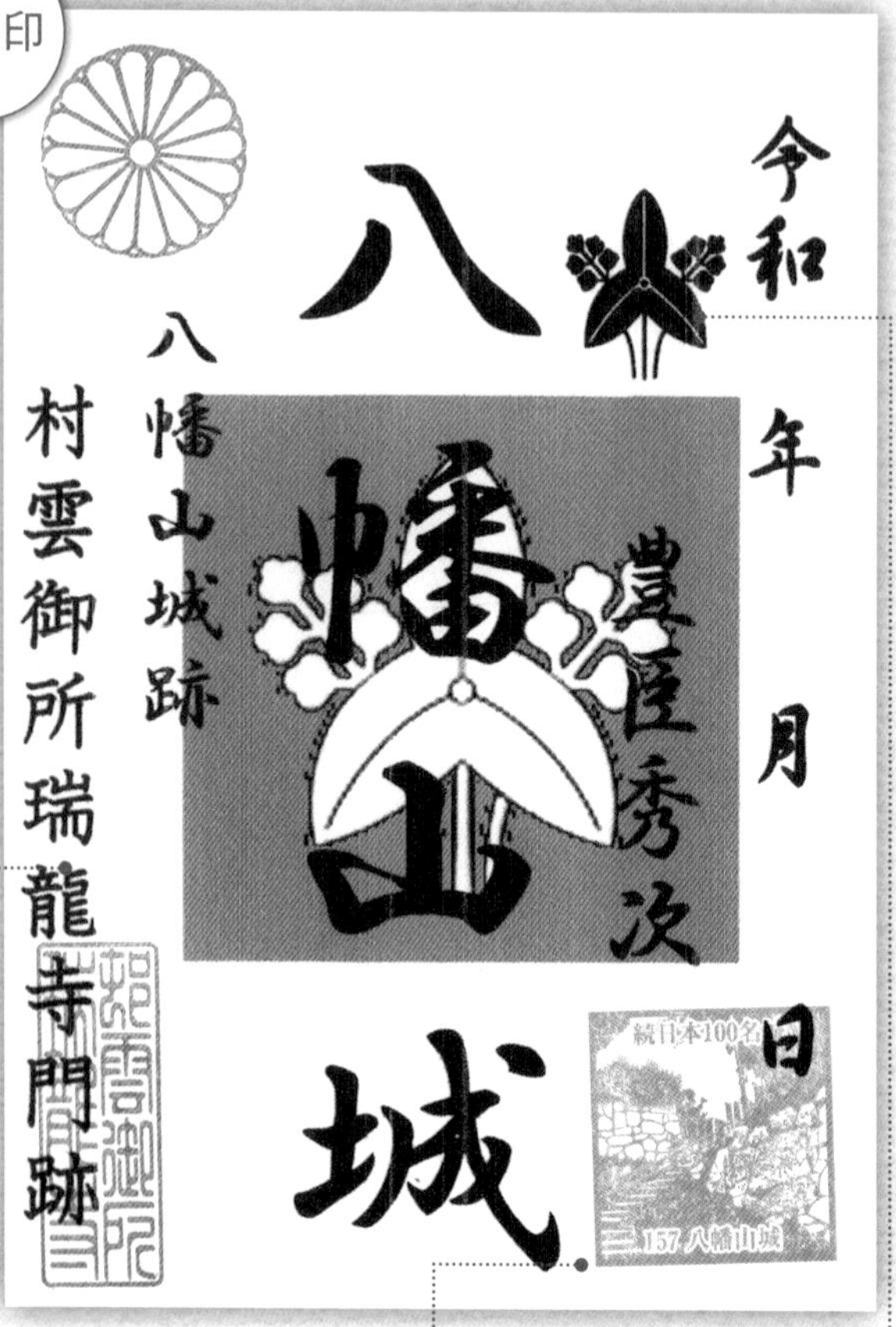

❶豊臣秀次の名と家紋「沢瀉紋」。

❷続日本100名城のスタンプ。

❸本丸に移築された本山 村雲御所瑞龍寺門跡の名も記されている。

滋賀県近江八幡市

続日本100名城

八幡山城《はちまんやまじょう》

秀次の家紋と菩提寺・瑞龍寺にちなんだ御城印

御城印DATA

販売場所	村雲御所瑞龍寺門跡
販売料金	300円（税込）

悲運の大名・秀次が築いた城

天正《てんしょう》13年（１５８５）に、豊臣秀吉《とよとみひでよし》の甥、秀次《ひでつぐ》が近江八幡市の北側にある標高２７１・９ｍの八幡山山頂に築いた城。

当時、山腹に設けられた居館地は東西約３００ｍ、南北１００ｍの兵站部に安土桃《あづちもも》山《やま》風の壮麗な殿閣、庁舎、庭園などを設けたと考えられている。総石垣造りの山城《やまじろ》で、山上と山麓に分かれる。山上は本丸、二の丸、北の丸などの郭《くるわ》を周囲の帯郭が結んでいる。山麓には枡形《ますがた》虎口《こぐち》をもつ秀次館跡がある。秀次館跡からは金箔瓦が多数出土し、築城当時の豪壮な城の様子がうかがえる。

築城と同時に、廃都となった安土《あづち》や近隣の住民を八幡山下町に集めるなど、町作りも行われた。秀次は八幡堀を運河として利用することを考え、琵琶湖とつないで往来する船を八幡の町に寄港させた。

また、八幡山城下はかつての安土と同じく、楽市楽座《らくいちらくざ》を取り入れ、自由商業都市としての礎を築いた。今でいう上下水道も整備している。

その後、秀次は天正19年（１５９１）に秀吉の養子となり、関白《かんぱく》となる。しかし、文《ぶん》

八幡山城西の丸跡からは琵琶湖を望むことができる。

禄《ろく》2年（1593）に秀吉の側室淀殿《よどどの》に第二子（後の秀頼《ひでより》）が誕生すると、後継者を巡り、謀反の噂が流れ、文禄4年（1595）には高野山青厳寺《こうやさんせいがんじ》（現在の金剛《こんごう》峯寺《ぶじ》）で自害させられた。同時に、八幡山城も聚楽第《じゅらくてい》とともに徹底的に破壊され、廃城となった。

高野山で自害させられた秀次の菩提《ぼだい》を弔うため、生母の瑞龍院日秀尼《ずいりゅういんにっしょうに》が、慶長元年（1596）、京都の村雲《むらくも》に瑞龍寺《ずいりゅうじ》を創建した。昭和36年（1961）に八幡山城本丸跡に移築されている。村雲御所《ごしょ》と呼ばれ、日蓮宗《にちれんしゅう》では唯一の門跡《もんぜき》寺院として格式が高い。八幡山山頂へは山麓からロープウェーを利用できる。山頂からは、安土山や琵琶《びわ》湖《こ》など、市内随一といわれる眺望が楽しめる。

バリエーション

令和2年限定御城印。八幡山城と、豊臣秀次の肖像がモチーフにデザインされている。

城郭DATA

築城年	天正13年（1585）
別名	八幡城、近江八幡城
所在地	滋賀県近江八幡市宮内町
営業時間	ー
アクセス	JR琵琶湖線近江八幡駅下車後、バス7分大杉町下車、徒歩5分
定休日	ー
駐車場	あり（有料）
入場料	ー

近江城郭探訪

御城印ではないが、近江に観光した際に、記念にお土産におすすめなのが御城印シール「近江城郭探訪」シリーズ。シールタイプの和紙に印刷してあり、御城印帳に貼ることもできる。発売以来好評で現在は24城になっている。また滋賀県産の間伐材でできた木製の御城印も加わっている。大津市・彦根市内のホテルや観光案内所などで発売されている。

賤ヶ岳城

しずがたけじょう

天正11年（1583年）4月に、近江国伊香郡（現在の滋賀県長浜市）の賤ヶ岳付近で起きた、羽柴秀吉と柴田勝家の戦いで、砦があった場所。秀吉方で功名を上げたとされる賤ヶ岳の七本槍に数えられる武将の家紋がシールにデザインされている。

小谷城

おだにじょう

自然の要害に囲まれた戦国屈指の山城として、日本五大山城の一つに数えられる小谷城。織田信長と戦った浅井長政の家紋「三つ盛り亀甲に花菱」がシールにデザインされている。また、浅井長政は織田信長の妹「お市」を娶るが後に信長と戦うことに。つがいの鳥は仲むつまじい二人を表わしている。

DATA

販売場所
・エコグッズ.ビズ https://ecogoods.biz/ 大津市・彦根市内のホテル、観光施設、観光案内所、サービスエリアなど　※場所によって取扱商品が異なります。

販売料金
330円（税抜）

佐和山城《さわやまじょう》

豊臣政権の奉行として活躍した、石田三成の居城であった城。関ヶ原の合戦で敗れると、佐和山城も東軍の攻撃により落城した。シールには石田三成の家紋「下り藤に石」と「大一大万大吉」がデザインされている。

長浜城《ながはまじょう》

天正元年(1573)に浅井氏が滅亡すると、木下藤吉郎(後の豊臣秀吉)が戦功により浅井氏の領地の大部分を与えられ、羽柴秀吉としてはじめて城持ちの大名に出世し、築城した城。シールには秀吉の家紋と馬印「千成びょうたん」がデザインされている。

安土城《あづちじょう》

織田信長が天正4年(1576)に約3年の歳月をかけて完成した城。当時の最高の技術と芸術の粋を集めて造られたといわれる。日本で最初の本格的な天守の建築がされた城といわれているが、本能寺の変後に焼失。シールには織田信長の家紋「織田木瓜紋」と天下布武の印がデザインされている。

彦根城《ひこねじょう》

関ヶ原の合戦で軍功を上げた井伊直政が佐和山城に入城したのち、新たに居城を移すことを計画し、直政の次男・直孝が築城開始し、元和8年(1622)に完成した城。別名金亀城とも呼ばれ、江戸時代を通して井伊氏14代の居城であった。シールには井伊家の家紋「彦根橘」がデザインされている。

坂本城《さかもとじょう》

明智光秀が琵琶湖の南湖西側に築いた城で、東側が琵琶湖に面しているため、天然の要害をそなえた城である。比叡山の物資輸送のために、港町としてこの地は交通の要所として栄えた。シールには、明智光秀の家紋「桔梗紋」がデザインされている。

日野城《ひのじょう》

天文2年（1533）に、蒲生定秀が日野に築いた城。賢秀の代で織田信長の臣下となり、天正10年（1582）に、本能寺の変が起こった際に、賢秀とその子、氏郷は信長の妻妾一族を迎え入れている。シールには、蒲生氏の家紋「対い鶴紋」がデザインされている。

膳所城《ぜぜじょう》

慶長5年（1600）に関ヶ原の合戦に勝利した徳川家康が、東海道の押さえとして大津城を廃城して築かせた城。天下普請の第一号の城でもある。日本三大湖城の一つに数えられている。シールには、徳川家の家紋「徳川葵」がデザインされている。

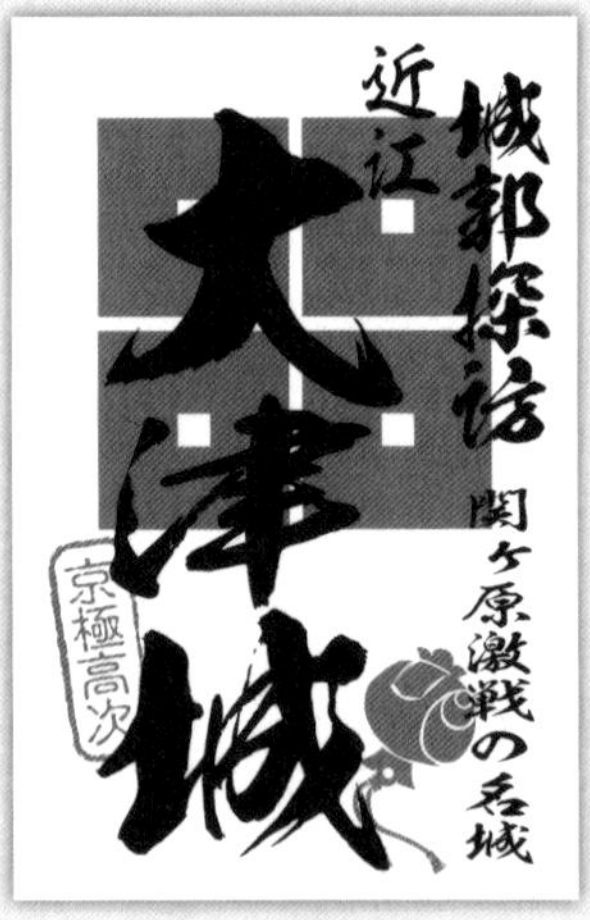

大津城《おおつじょう》

天正14年（1586）に、豊臣秀吉が坂本城を廃城として、新たに築城した城。関ヶ原の合戦で東軍に味方した京極高次が、関ヶ原に向かう毛利元康の大軍を食い止めて時間稼ぎをしたという「大津籠城」でも有名である。シールには、京極氏の家紋「平四つ目結」がデザインされている。

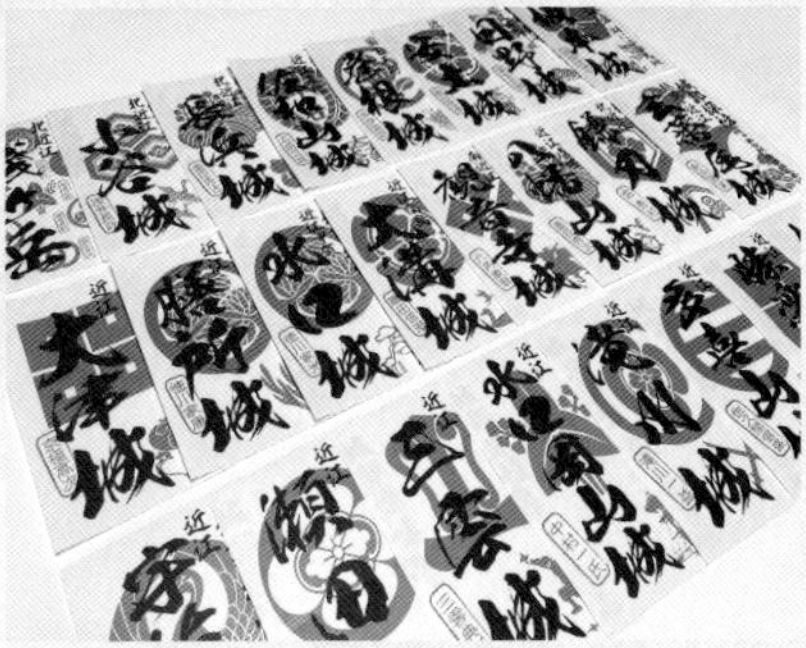

御城印シール　全24城完成

P46～48掲載以外にも、第2集は水口城・大溝城・観音寺城・八幡山城・鎌刃城・玄蕃尾城、第3集は宇佐山城・瀬田城・三雲城・水口岡山城・滝川城・多喜山城・勝楽寺城・朽木城があり、合計で全24の御城印シールを販売中。

販売場所:ホテルサンルート彦根、彦根キャッスル リゾート&スパ、びわ湖大津プリンスホテル、ここ滋賀SHIGA（大津市）、湖の駅浜大津、賤ヶ岳SA（下り）、土山SA、八幡山ロープウエー、彦根駅前観光案内所、彦根観光センター、石山駅観光案内所など
※場所によって取扱ない商品もあり。

ポケット式御城印帳 近江城郭探訪専用 16ポケットタイプ（改訂版）

16箇所の御城印シールが入る、専用の御城印帳。ポケット式になっており出し入れが簡単にできる。価格:770円（税込）

五角形をしたユニークな木製手形御城印

滋賀県産間伐材を使った木製御城印。通交手形のような五角形の形が特徴。大津城、坂本城、宇佐山城、膳所城、瀬田城、笠壺山城を発行している。880円(税込)
販売場所:ここ滋賀SHIGA（大津市）

木製の御城印と御城印帳（佐和山城）

滋賀県産の杉（間伐材）でできた木の御城印と木製ポケット式御城印帳。価格は木の御城印が550円（税込）、木のポケット式御城印帳が2,420円（税込）
販売場所:彦根駅前観光案内所、彦根観光センター

※上記の商品は全てネットショップで購入できます。https://ecogoods.biz

御城印

京都府長岡京市

勝龍寺城《しょうりゅうじじょう》

明智光秀が敗走した北門の石垣をデザインした御城印

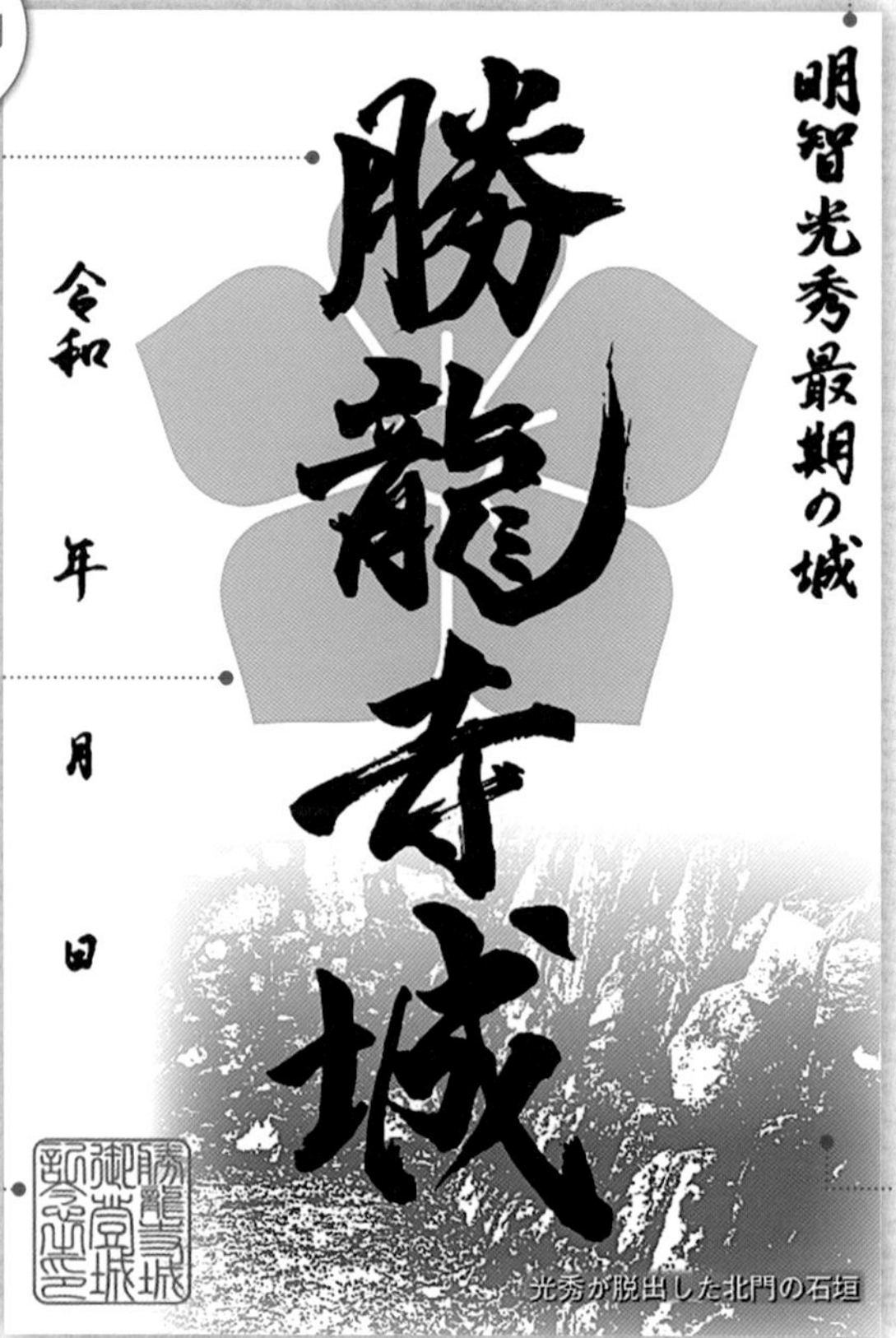

❶山崎の戦いに敗れた明智光秀が最期の夜を過ごしたことによる。

❷山崎の戦いで光秀が本陣を置いた恵解山古墳に隣接する立命館中高の生徒によるもの。

❸印は明智家の家紋「水色桔梗」。

❹光秀が坂本城を目指して脱出した北門の当時の石垣をデザイン。

❺落款は「勝龍寺城登城記念之印」。

御城印DATA

販売場所	観光情報センター（JR 長岡京駅西口バンビオ2F）、観光案内所（阪急長岡天神駅西口）、長岡京@Navi.（阪急西山天王山駅東口）、神足ふれあい町家※土日曜日のみ勝竜寺城公園内でも販売（10:00～15:00）
販売料金	300円（税込）

明智光秀最期の城

応仁《おうにん》・文明《ぶんめい》の乱で臨時的な砦、陣城《じんじろ》として利用され、次第に城郭として整備された。織田《おだ》信長《のぶなが》の命により、細川藤孝《ほそかわふじたか》（のちの幽《ゆう》斎《さい》）が、元亀《げんき》2年（1571）に二重の堀と土塁からなる惣構を持つ城に改修。

天正《てんしょう》6年（1578）、明智光秀《あけちみつひで》の娘・玉《たま》（のちの細川ガラシャ）が細川忠興《ただおき》に嫁

バリエーション

書状版とガラシャ版の2種

城の名前と花押（直筆）を勝龍寺城城主・細川藤孝の書状から写したバージョンと、城の名称の由来となった勝龍寺の住職 國定道晃師によるバージョンもある。家紋は細川家の「九曜」。

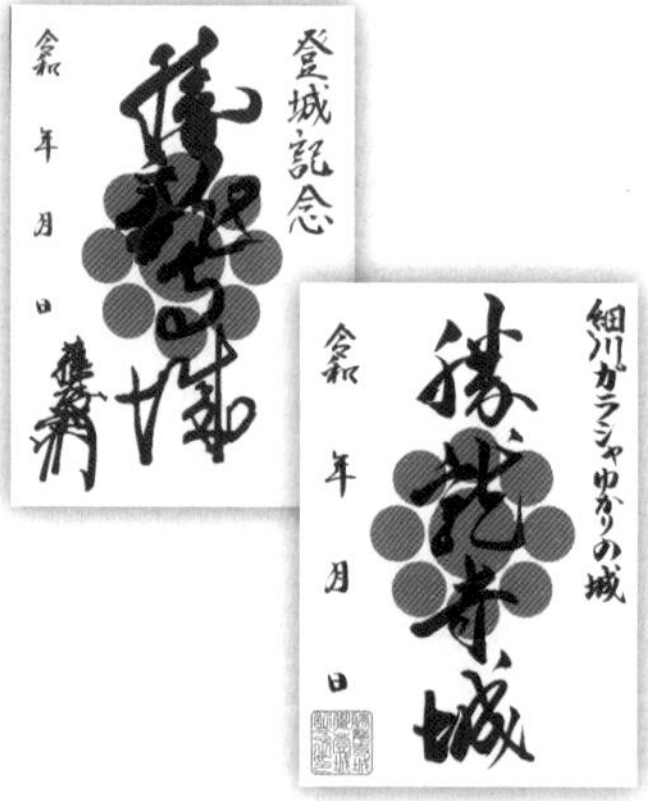

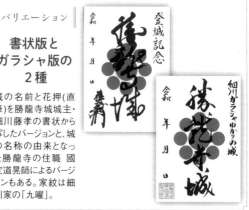

平成4年(1992)に整備された際に建造された模擬櫓。

ぎ、2年間余りの新婚時代を過ごした城でもある。

勝龍寺城の中心部には本丸と沼田丸の曲《くる》輪《わ》があり、本丸は東西約120m、南北約80mでその周囲には幅広い堀が作られ、その内側には石垣を巡らしている。城の北東には惣構の一部である土塁跡や空堀跡が残されている。

他にも発掘調査では礎石や瓦などが発見されている。それらから、勝龍寺城は安土城に先行し、瓦、石垣、天守といった近世城郭の原点といえる城づくりが行われていたことがわかっている。

また、茶道具も出土しており、当代随一の文化人で茶の湯にも通じたことで知られる藤孝や後年、千利休《せんのりきゅう》の高弟「利休七哲《しちてつ》」の一人として名を馳せる忠興によって、茶会が催されていたことがうかがえる。

本能寺《ほんのうじ》の変後、天正10年（1582）の山崎《やまざき》の戦いでは羽柴《はしば》（豊臣《とよとみ》）秀吉《ひでよし》との戦いに敗れ、光秀はこの城に入り、最期の夜を過ごした。

付近には、5世紀頃に造られたとされる国史跡恵解山古墳《いげのやまこふん》があり、光秀が山崎の戦いの際に陣を敷いたと伝わる。

平成4年（1992）には勝龍寺城跡が公園として整備されており、管理棟として模擬櫓が建造された。「日本の歴史公園100選」にも選ばれている。毎年11月の第2日曜日、玉の輿入れを再現した、歴史衣装をまとった行列などによる「長岡京ガラシャ祭」が盛大に行われている。管理棟の2階には展示室がある（無料）。

本丸の北門は当時の石垣が遺る北門跡。山崎の戦いに敗れた明智光秀が敗走したと伝わる。

城郭DATA

築城年	1571年織田信長の命を受け細川藤孝によって織豊系城郭に改修
別名	青龍寺城
所在地	京都府長岡京市勝竜寺13-1
営業時間	4～10月は9:00～18:00、11～3月は9:00～17:00
アクセス	JR京都線長岡京駅から徒歩10分
定休日	無休（年末年始12月28日～1月4日のみ休日）
駐車場	なし※JR長岡京駅周辺の民間駐車場を利用
入場料	無料

御城印

京都府京都市

周山城《しゅうざんじょう》

明智光秀の家紋と周山城の遺構をデザイン

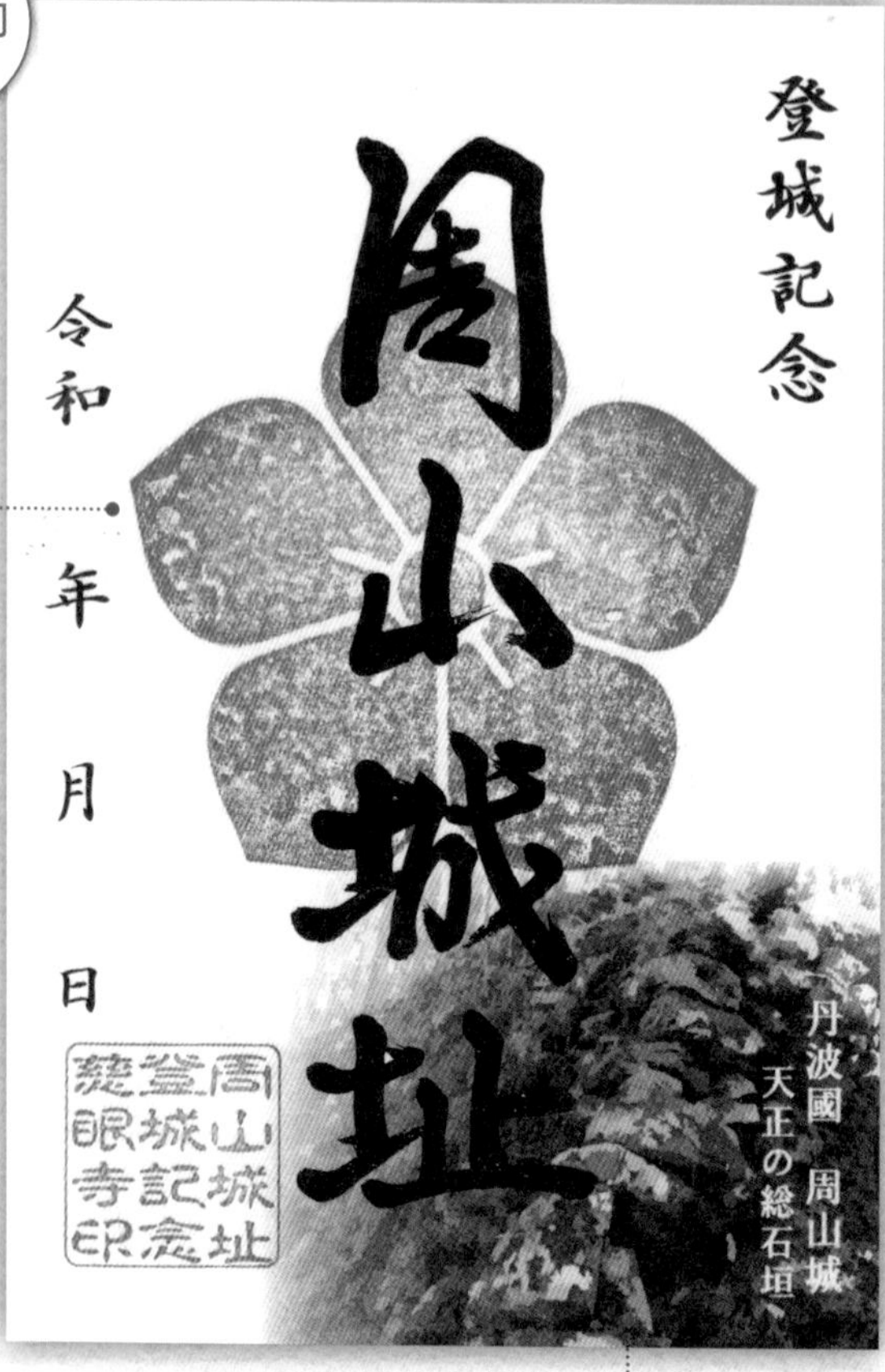

❶朱印は明智光秀の家紋「桔梗」が押印されている。

❷周山城址に残る総石垣の遺構がデザインされている。

御城印DATA

販売場所	慈眼寺
販売料金	300円（税込） ※郵送での頒布も対応しています。お申込方法は慈眼寺公式サイトでご確認ください。

織豊期の築城技術の特徴を残す

周山城は天正《てんしょう》7年（1579）に、丹波《たんば》平定を命じられた明智光秀《あけちみつひで》が、若狭《わかさ》から京都を結ぶ周山街道の押さえを目的として築城した城である。

光秀は本拠地亀山《かめやま》城を居城とし、周山城には明智光忠《みつただ》を配している。

城域が東西1・3㎞、南北0・7㎞に及び、天守台を中心に尾根に60以上の城郭が連なる。その規模は安土《あづち》城にも匹敵し、西日本最大といわれている。山頂部は主郭を中心に天守台が現存している。東尾根には幅の狭い曲輪《くるわ》を設けている。北西に伸びる尾根には三段削平地を設け、黒尾山《くろおさん》との尾根筋に巨大な2本の堀切《ほりきり》を施している。西南部の尾根筋には、さらに曲輪がある。中心部はほぼ全域を石垣によって構築しているが、現存する総石垣の遺構は壮大である。

天正9年（1581）8月に光秀が津田《つだ》宗及《そうぎゅう》と十五夜の月見を楽しんだ記録や、本能寺《ほんのうじ》の変後、天正12年（1584）2月に豊臣秀吉《とよとみひでよし》が入城した記録も残っている。

周山城の山裾には光秀ゆかりの慈眼寺《じげんじ》がある。曹洞宗《そうとうしゅう》の禅寺で、山門正面の本堂に

光秀坐像は、「くろみつ大雄尊」として、境内左の釈迦堂に祀られている。黒く塗られる前にあった明智家の桔梗の家紋がうっすらと浮かびあがっている。

祀られる本尊は度重なる兵火や災難を免れたという、聖徳太子《しょうとくたいし》作と伝わる聖観世音菩薩である。また、黒塗りの光秀坐像も伝わっている。厳しい表情に鋭い眼光を携えている。逆臣の汚名から墨で真っ黒に塗られ、秘像として今日まで祀られてきたという。

周山城址は京北一周トレイルコースの一部にもなっている。山道のため、登城に必要な装備など、準備を万全にしてから行くことをおすすめする。

バリエーション

周山城御城印（金文字版）

明智光秀の花押と周山城天守台がデザインされ、文字は手書きで金文字で揮毫している「金文字版」。400円（税込）

周山城大判御城印

周山黒尾山の尾根伝いに広がる総石垣の雄大な城景（再現イメージ）に桔梗の家紋と手書きによる「周山城」を金字で配したもの。800円（税込）

光秀ゆかりの寺である慈眼寺の山門。

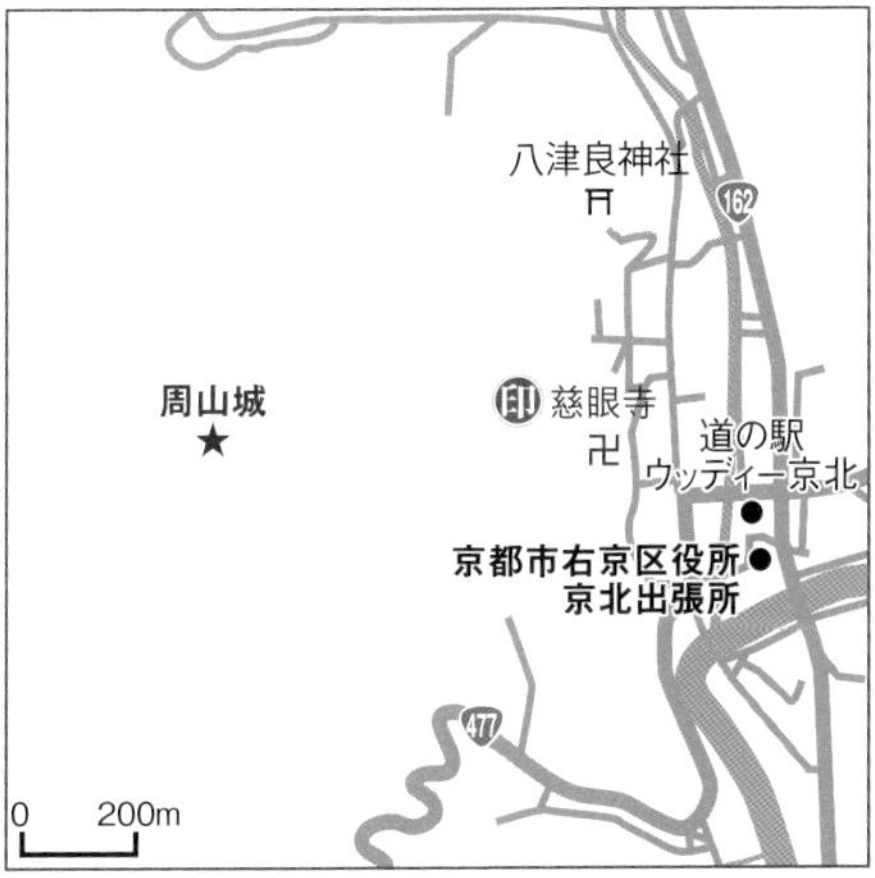

城郭DATA

築城年	天正7年（1579）
別名	ー
所在地	京都府京都市右京区京北周山町城山
営業時間	土・日・月曜日の10:00～16:00（以外は要予約）
アクセス	JRバス京合同庁舎前から登城口まで徒歩10分
定休日	ー
駐車場	なし
入場料	ー

御城印

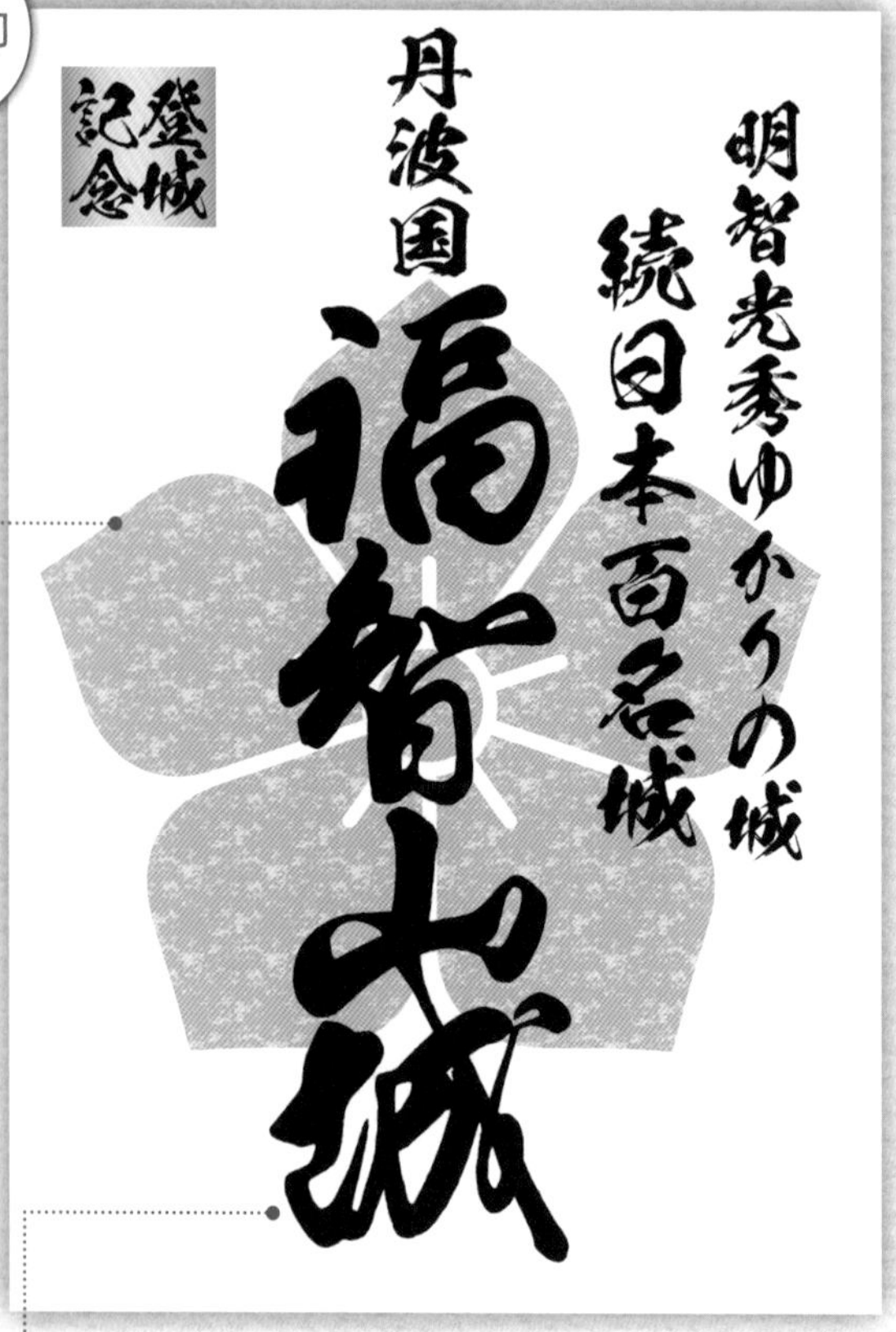

❶明智光秀の家紋「桔梗紋」を中央に大きくあしらっている。

❷寛大9年（1669）に常陸国土浦から福知山へ入った朽木稙昌（くつきたねまさ）に対し、幕府勘定所が発行した「丹波国福智山城付郷村高帳」から「福智山城」の部分を写しとって作成。「福智山」の「智」は明智光秀の「智」を用いたものと伝わっている。

京都府福知山市

続日本100名城

福知山城《ふくちやまじょう》

明智の一字を用いたと伝わる「福智山」と桔梗紋

御城印DATA

販売場所	城内受付
販売料金	300円（税込）

光秀が丹波平定後に築いた城

織田信長《おだのぶなが》の命を受けての丹波《たんば》平定に成功した明智光秀《あけちみつひで》が、天正《てんしょう》7年（1579）頃、中世に土豪《どごう》の横山《よこやま》氏が築いた横山城を前身とし、丹波の新たな拠点として築いたのが福知山城のはじまりといわれている。

天正10年（1582）に光秀が討たれると、豊臣秀吉《とよとみひでよし》臣下が城主となり、その後、関ヶ原の合戦の論功行賞により入城した有《あり》馬豊氏《まとようじ》の頃に大改修を行っている。江戸時代には、福知山藩の藩庁となった。

明治維新の廃城令で取り壊されてしまい、石垣と銅門《あかがねもん》番所だけが残されていた。銅門番所は2度の移築を受けて現在は本丸内に立つ。

天守は市民の瓦1枚運動などの熱意によって、三層四階の天守が昭和61年（1986）11月に再建された。望楼型の独立式を基本として復元され、初期天守の特徴がよく現れたものとなっている。

天守内部は古代から近代にかけての、城や福知山に関わる歴史資料を展示している。

石垣は築城当初の面影を残すもので、野《の》面積《づらづみ》と呼ばれる、自然石をそのまま用いている。現在、福知山市の指定文化財となっている。石垣内部に石塔類が転用石として使われるなど、織豊《しょくほう》系城郭として築かれている。

また2009年、天守東側に明治時代まで存在した「釣鐘《つりがね》門」が復元された。松平《まつだいら》忠房《ただふさ》が福知山城の城主だった時代（1649－69）に描かれた「福知山城下絵図」などを元に設計。

マツやヒバ、ヒノキを使い、高さ7・3m、幅4・1m、奥行き2・5mの2階建ての門である。往時を忍ばせる城門からは市東部の景色が一望できる。

現天守の高さは約18.5mで、小天守と続櫓を従えている。

本丸内には天守台から本丸にかけての石垣や「豊磐（とよいわ）の井」と呼ばれる井戸、銅門番所などがある。

城郭DATA

築城年	天正7年（1579）頃※昭和61年（1986）に再建
別　名	ー
所在地	京都府福知山市字内記5
営業時間	9:00～17:00（入館は16:30まで）
アクセス	JR福知山駅から徒歩15分
定休日	毎週火曜日、年末年始（12月28日～31日、1月4日～6日）
駐車場	あり（無料）
入館料	大人330円（団体30人以上290円）、小人110円（団体30人以上90円）

京都府舞鶴市

田辺城《たなべじょう》

ゆかりの武将の家紋と二層櫓のシルエット

御城印

❶歴代城主の細川氏「九曜」、京極氏「隅立四ツ目」、牧野氏「丸に三つ柏」、幽斎が足利将軍家より拝領の「五三桐」の家紋を配している。

❷中央には復元された二層櫓（彰古館）のシルエットがデザインされている。

御城印DATA

販売場所	舞鶴市田辺城資料館
販売料金	300円（税込）

関ヶ原の合戦に影響を与えた籠城戦の舞台

織田信長《おだのぶなが》より丹後国を与えられた細川幽斎《ほそかわゆうさい》（藤孝《ふじたか》）が、本能寺《ほんのうじ》の変の後、自身の隠居城として築いた城。幽斎とは法名で、和歌・連歌などの才能に優れた文人で、「古今和歌集」の秘事口伝の伝承者としても知られる。幽斎は明智光秀《あけちみつひで》の盟友で、息子・忠興《ただおき》は、明智光秀の娘・玉《たま》（細川ガラシャ）の夫でもある。

その幽斎は、関ヶ原の合戦の前哨戦ともいわれる「田辺籠城戦」で、東軍の勝利に大きく影響したといわれている。

慶長《けいちょう》5年（1600）の関ヶ原の合戦の2ヶ月前、石田三成《いしだみつなり》の命を受けた小野木重勝《おのぎしげかつ》以下1万5000人の大軍が田辺城に攻め込んできた。対する幽斎は500人の兵を率い籠城。死を覚悟した幽斎は歌道の秘伝が絶えることを恐れ、和歌集に証明状を添えて皇室に送った。後陽成《ごようぜい》天皇は幽斎を惜しみ、講和を命じる勅使を出し、52日間続いた戦いは幕を閉じた。

それは関ヶ原の合戦の3日前で、田辺城に釘付けになった1万5000の兵は関ヶ

昭和15年（1940）に建てられた隅櫓の彰古館。

原に間に合わず、勝敗に大きく影響したといわれている。その功により、忠興は豊前《ぶぜん》国中津に加封され、その後、京極《きょうごく》氏、牧野《まきの》氏が田辺藩主として在城した。

　現在の田辺城は舞鶴公園として整備され、市民の憩いの場となっている。昭和15年（1940）に隅櫓《すみやぐら》が復興され、彰古《しょうこ》館《かん》として展示施設となっている。平成4年（1992）には城門が復元され、二階は歴代城主や城下町であった田辺の歴史を紹介する田辺城資料館になっている。城門を入ってすぐに見える石垣は幽斎が築城した当時の遺構。天守台跡など城内の一部に今も残っている。その他、牧野氏によって造られた庭園「心種園《しんしゅえん》」の遺構も残っている。籠城戦の際に幽斎が詠んだ和歌から名付けられた庭園である。

平成4年（1992）に復元された城門。二階は歴代城主や城下町・田辺の歴史を紹介する田辺城資料館になっている。

城郭DATA

築城年	天正年間末頃
別名	舞鶴城
所在地	京都府舞鶴市南田辺
営業時間	ー（田辺城資料館は9:00〜17:00）
アクセス	JR西舞鶴駅から徒歩10分
休館日	無休 （田辺城資料館は毎週月曜日（月曜日が祝日にあたる場合はその翌々日）、祝日の翌日、年末年始）
駐車場	なし（※有料の市営南田辺駐車場をご利用ください）
入場料	無料（田辺城資料館は一般200円）

御城印

大阪府岸和田市

続日本100名城／府指定史跡

岸和田城《きしわだじょう》

蛸地蔵の伝承をモチーフにした御城印

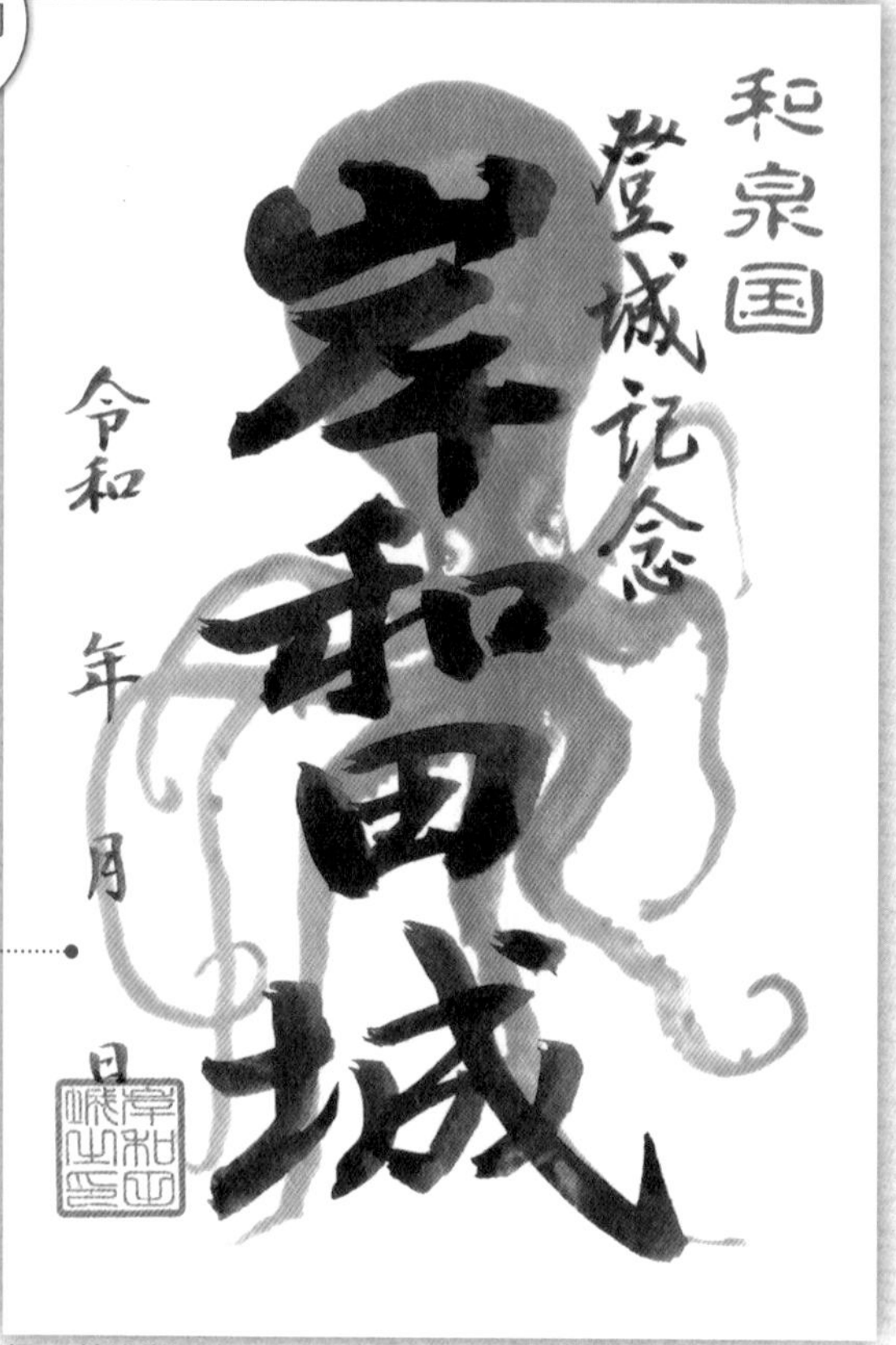

❶たこの図柄は、蛸地蔵伝説に因んだものである。また、名物である泉だこのPR、「多幸」の当て字がはまり、購入者に幸（幸せや大漁・豊作）が多く来て欲しいという願いを込めていること、そして英語で「オクトパス」＝「置くとパス」＝合格祈願というだじゃれ等々を含めて作成された。

御城印DATA

販売場所	入城窓口
販売料金	300円（税込）

岡部13代が岸和田藩を統治

伝承によると、建武《けんむ》元年（１３３４）、楠木正成《くすのきまさしげ》の一族・和田高家《わだたかいえ》が現在の城よりも東側の野田町に築いたのがはじまりといわれる。

別名を「猪伏山千亀利城《いぶせやまちきりじょう》」ともいい、「ちきり」とは、機《はた》のたて糸をまく器具で、本丸と二の丸を重ねた形が「ちきり」に似ているところから由来するといわれている。

天正13年（１５８５）、羽柴秀吉《はしばひでよし》は紀州《きしゅう》根来寺《ねごろじ》討滅後、叔父の小出秀政《こいでひでまさ》を城主とした。その後、城郭が整備され、江戸時代の絵図等によると、五層の天守が築かれていたことがわかっている。

以降、小出氏、松平《まつだいら》氏を経て、寛永《かんえい》17年（１６４０）に岡部宣勝《おかべのぶかつ》が入城。そして、明治維新まで岡部氏13代が岸和田藩を統治した。

文政10年（１８２７）に天守が落雷により焼失。維新期には、櫓《やぐら》・門などの城郭施設は取り壊され、近世以前の構造物は堀と石垣以外は存在していない。現在の天守は昭和29年（１９５４）に建造された三層三階の天守である。

天守の内部は岸和田城の歴史がわかる貴重な資料を展示。
最上階は望楼となり、岸和田の町を一望できる。

岸和田といえば、岸和田城下およびその周辺で、毎年9月に行われるだんじり祭りでも有名である。

また、城下の天性寺《てんしょうじ》には御城印のモチーフにもなっている蛸地蔵の伝承がある。永禄～元亀年間頃、紀州根来の武士が岸和田城に攻め込み、落城寸前というときに、蛸と白法師が追い払ったという。その後、白法師は地蔵菩薩の化身と判明し、地蔵菩薩は天性寺に祀られ、蛸地蔵と呼ばれている。

岸和田城庭園（八陣の庭）は、作庭家の重森三玲によって、昭和28年に作庭された。平成26年には国の名勝に指定されている。

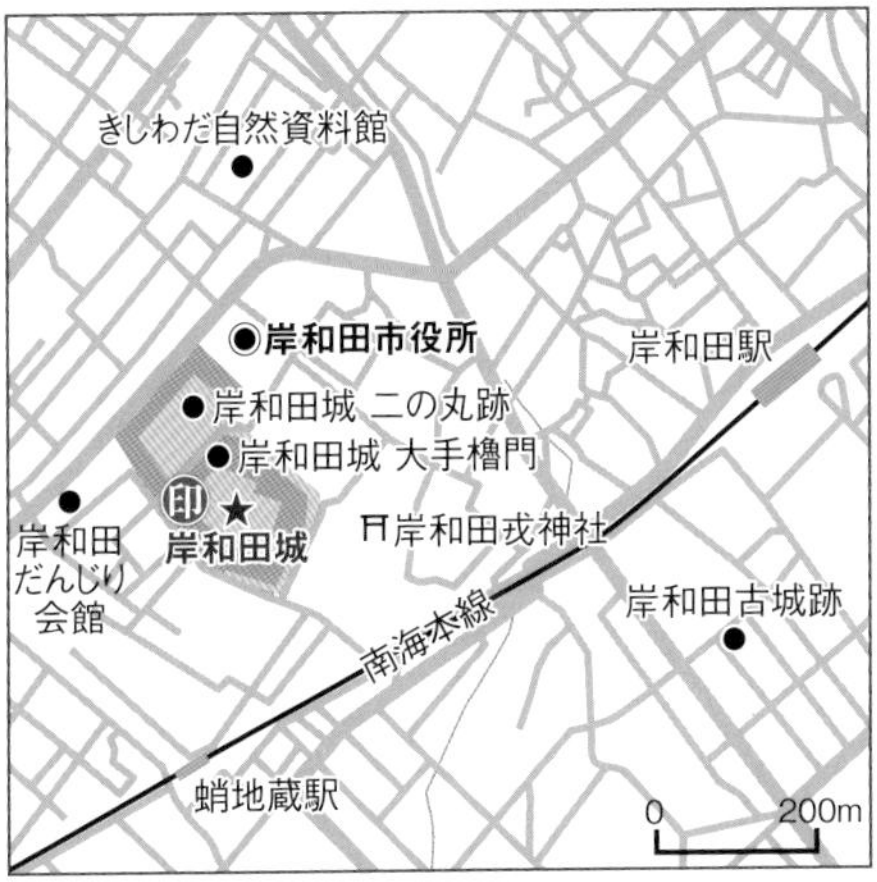

城郭DATA

築城年	不明
別名	猪伏山千亀利城
所在地	大阪府岸和田市岸城町9-1
営業時間	10:00～17:00（入場は16時まで）
アクセス	南海岸和田駅から15分
定休日	月曜定休（祝日は開場）年末年始等
駐車場	なし（周辺に、有料の市営駐車場あり）
入場料	300円

兵庫県丹波市

続日本100名城

黒井城《くろいじょう》

赤井直正の家紋と東曲輪の石垣をデザイン

御城印

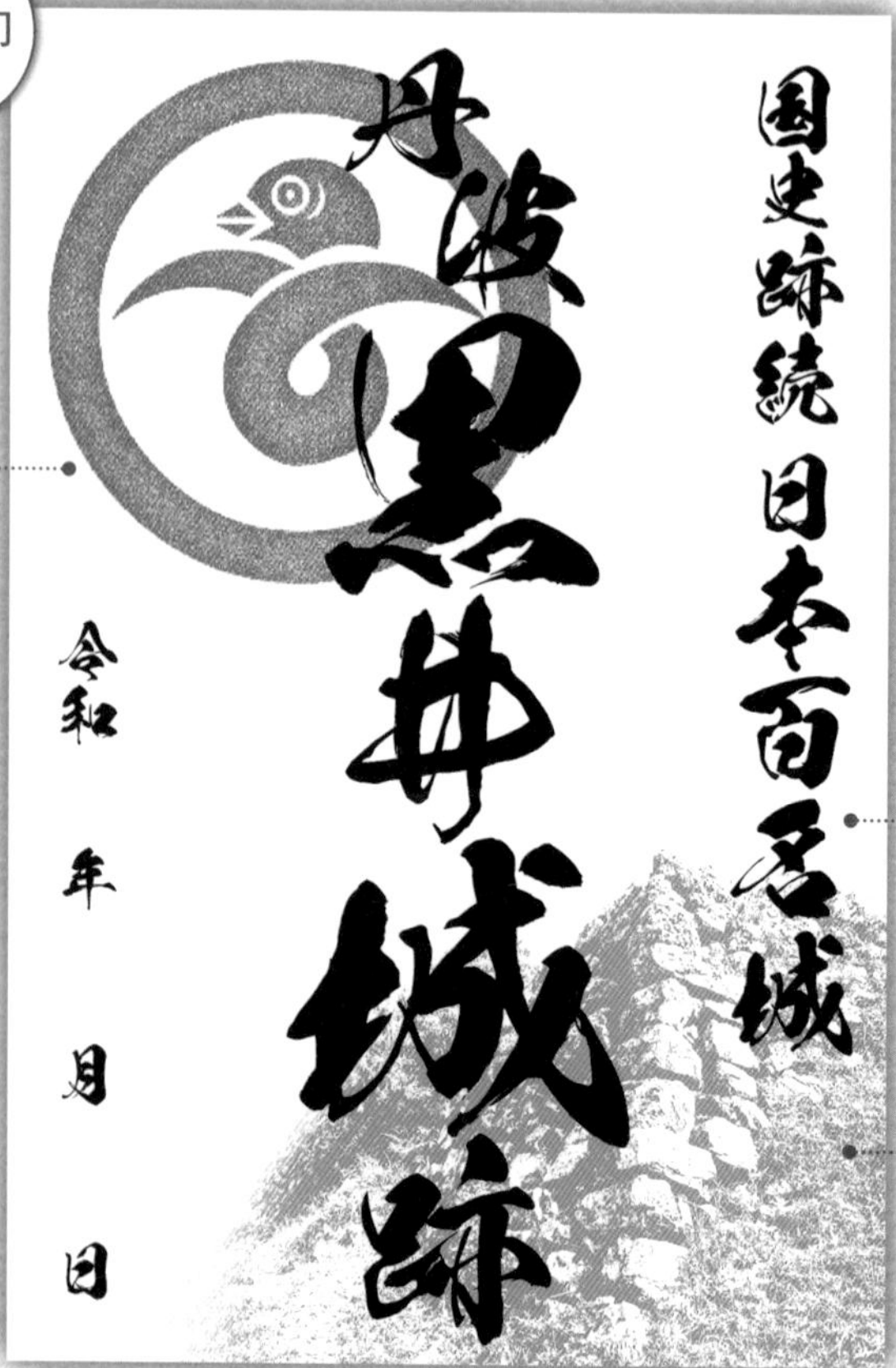

❶日本城郭協会が2017年に定めた続日本100名城に認定されている。

❷城主赤井直正の家紋「丸に結び雁金」。

❸東曲輪の野面積石垣の写真からデザインを起こしている。枚数限定で季節ごとに作成している。

御城印DATA

販売場所	丹波市観光協会 かいばら観光案内所、ひかみPA観光案内所、道の駅丹波おばあちゃんの里
販売料金	300円（税込）

「丹波の赤鬼」赤井直正の居城

黒井城は南北朝時代の建武《けんむ》2年（1335）、春日部荘《かすかべのしょう》を領有した赤松貞範《あかまつさだのり》が山頂に簡素な砦を築いたことにはじまる。時代が下り天文《てんぶん》23年（1554）、新たに城主となった赤井直正《あかいなおまさ》はその勢力を丹波《たんば》一円に拡大するとともに、黒井城の大改修を行った。

黒井の町のすぐ北側にそびえる標高356mの猪ノ口山《いのくちやま》にある山城《やまじろ》で、山頂を平らに削り、一番高くに本丸を置き、空堀《からぼり》を挟んで東側に二の丸、さらに三の丸と、階段状に配している。本城部分に複数の曲《くる》輪《わ》を並べ、それらを取り巻いて約5mの帯《おび》曲輪を巡らしている。これらは段階状接続城郭と呼ばれる縄張《なわばり》である。また、本城の虎口《こぐち》周辺と二の丸の南面に自然石をそのまま使った野面積《のづらづみ》の石垣がある。さらに、山中には曲輪跡、土塁《どるい》、堀切《ほりきり》、切岸《きりぎし》などの防御施設がいたるところに埋もれており、猪ノ口山全体が城域であった。

その堅固な黒井城を築いた直正は「丹波の赤鬼」と呼ばれて恐れられた勇猛な武将であった。天文23年（1554）正月2日

猪ノ口山に残る黒井城の城郭遺構はその後改変の手が加わることなく良好に残されている。

に年賀の席で黒井城主荻野秋清を刺殺して黒井城主となり、悪右衛《あくえ》門《もん》と号している。折しも勢力を伸ばしてきた織田信長《おだのぶなが》に一度は服すが、山名《やまな》氏との関係が悪化し、信長と敵対することとなる。

信長は天正《てんしょう》3年（1575）、明智光秀《あけちみつひで》を総大将として、丹波平定に派遣。命を受けた光秀は八上《やかみ》城主波多野秀治《はたのひではる》らを服従させ黒井城を包囲したが、波多野軍が寝返り、壊滅的打撃を受け、亀山《かめやま》城に帰城している。この出来事は後世「赤井の呼び込み戦法」と呼ばれている。しかし、天正6年（1578）に直正が病没すると、翌年8月、盟主を失った黒井城は光秀の大軍により落城してしまった。戦後は光秀の重臣斎《さい》藤利三《とうとしみつ》が統治に当たっている。

城郭DATA

築城年	建武2年(1335)頃
別名	保月城
所在地	兵庫県丹波市春日町黒井2263 (黒井城跡　麓の寺興禅寺)
営業時間	ー
アクセス	JR福知山線黒井駅から徒歩15分、 山頂まで約50分
定休日	ー
駐車場	あり(無料　登山口5台、興禅寺下20台)
入場料	ー

御登城記念証

兵庫県尼崎市

尼崎城《あまがさきじょう》

地元書道部が書いた城名と歴代藩主の家紋

❶尼崎市立双星高等学校書道部の書いた「尼崎城」の城名。

❷上は藩主であった戸田家の家紋「九曜紋」。中央左は青山家の家紋「葉菊」、中央右は松平（櫻井松平）家の家紋「九曜紋」。

❸尼崎城では「御登城記念証」と呼ばれている。

御登城記念証DATA

販売場所	尼崎城一階受付
販売料金	300円（税込）

栄えた港町をかかえる大坂の西の守りの要

江戸幕府は大坂夏の陣後の元和《げんな》3年（1617）、大坂を直轄地として西国支配の拠点にするため、譜代大名の戸《と》田《だ》氏鉄《うじかね》にこの城の築城を命じた。翌年から数年の歳月をかけ、三重の堀と南の海とに囲まれ、四層の天守を備えた城として完成した。

一国一城令の元、5万石の大名の居城としては大きすぎる尼崎城は、海上と陸上の両方の軍事に焦点を当てた要所であった。

築城工事と同時に城下町も整備された。8つの町からなる尼崎城下町は、多いときには2万人近くの人々が暮らす、阪神間随一の城下町であった。

代々、戸田氏、青山《あおやま》氏、松平《まつだいら》氏（櫻井松平氏）などの譜代《ふだい》大名が藩主を務める尼崎藩政の中心として約250年間、威容を誇った。その間、常に修復、保全工事が行われ続けたため、各地の城の天守が倒壊や焼失する中、尼崎城の天守は江戸時代を通して変わらぬ姿であり続けた。

明治6年（1873）の廃城令により民間に払い下げられ、処分された。残っ

装飾的な美しい外観は、権力の象徴であるとともに、江戸時代の太平の世を象徴していた。

た堀も埋め立てられ、本丸石垣の石材は防波堤に利用されて、城地も官公庁舎や学校用地などへ転用されたが、平成31年（2019）3月には天守が再建された。形式は戦国時代以降によく見られるようになった平城《ひらじろ》で、その規模は、阪神甲子園球場の約3・5倍にも相当する広大なものだった。

城の縄張《なわばり》として配されたのは、本丸、二の丸、三の丸で、二の丸は本丸東側を松の丸、南側を南浜とに分けられ、三の丸は東西に2つあった。本丸を中心とした渦郭式で、主要な門の内側には枡形を設けたり、天守と物見台である櫓台を17か所も構えられていた。行政機能を重視した平城でありながら、軍事施設として外敵に侵入されにくい防御機能を備える工夫が各所に凝らされていた。

尼崎城二階にはVRシアターがあり、当時の尼崎城や城下町の賑わいを最新技術で臨場感たっぷりに体験できる。

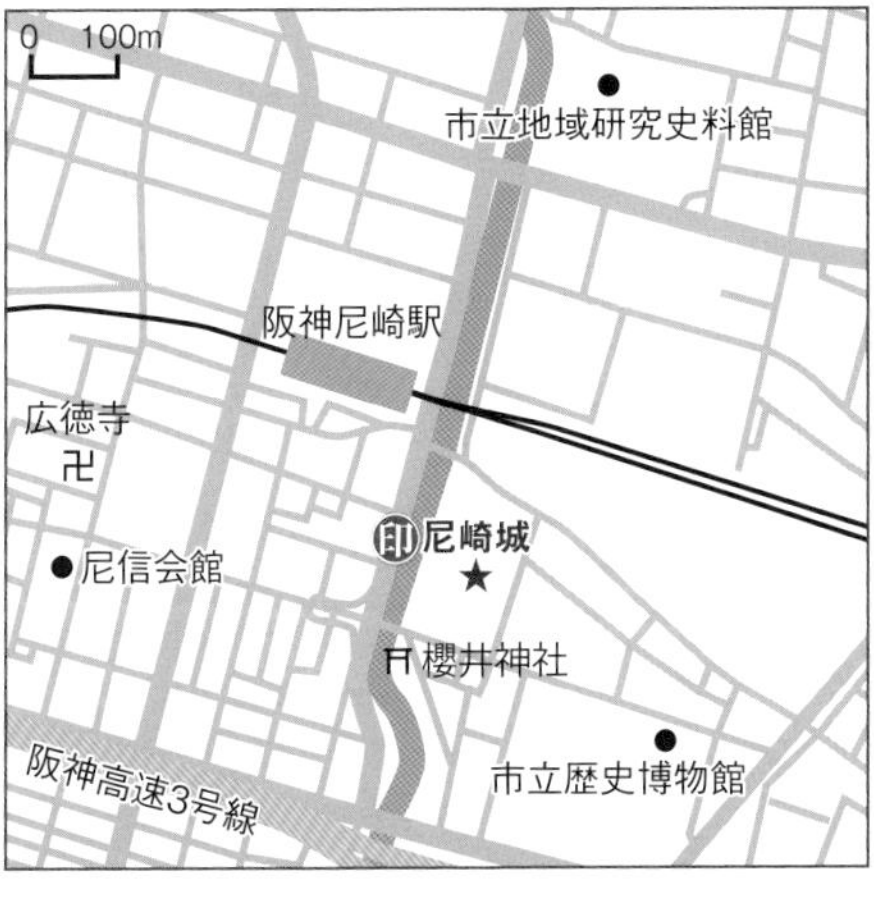

城郭DATA

築城年	元和3年（1617）
別名	琴浦城
所在地	兵庫県尼崎市北城内27
営業時間	9:00〜17:00（最終入城16:30）
アクセス	阪神電車本線尼崎駅から徒歩5分
定休日	月曜日（祝日の場合は営業、翌日休）、年末年始（12月29日〜1月2日）
駐車場	あり（有料、20台）
入城料	一般・学生500円

御城印

兵庫県洲本市
続日本100名城／国指定史跡

洲本城《すもとじょう》

国史跡指定20年記念の御城印

❶脇坂氏の家紋「輪違い」の朱印が押されている。

❷国史跡指定20年を記念して販売された御城印。「国史跡・続日本100名城 淡路水軍の城 洲本城」と毛筆で書かれている。

御城印DATA

販売場所	洲本市立淡路文化史料館
販売料金	200円（税込）

淡路水軍の要塞から淡路国の政庁へ

三熊《みくま》山の山頂にある洲本城は、西日本最大級の淡路《あわじ》水軍の山城《やまじろ》といわれ、室町時代の末、大永《たいえい》6年（1526）に淡路水軍を率いた安宅《あたぎ》氏が築城したといわれる。安宅氏は三好長慶《みよしながよし》の弟冬康《ふゆやす》を養子に迎えたが、冬康亡き後に織田信長《おだのぶなが》に降伏。天正9年（1581）に開城となった。

翌年新たな淡路領主として豊臣秀吉《とよとみひでよし》配下の仙石秀久《せんごくひでひさ》が任じられ、その支配下に入る。天正13年（1585）には秀久の讃岐転封に伴い、脇坂安治《わきざかやすはる》が入城する。

当時は石垣の城ではなかったが、城主となった脇坂氏により総石垣の堅城に改修された。やがて淡路は池田輝政《いけだてるまさ》に与えられ、輝政は子の忠雄《ただお》を紀淡海峡に面した由良城《ゆらじょう》に入れた。

大坂の陣後、蜂須賀至鎮《はちすかよししげ》が淡路を拝領。寛永8年（1631）から4年がかりで由良から洲本に城と城下町を移した。この移転は「由良引け」と呼ばれる大規模なものだった。洲本城の最大の特徴は三熊山山頂の「上の城」と山麓北の御殿のある「下の

三雲山の山頂に築かれた洲本城。天守台には、模擬天守が建てられている。

城」を、東西二条の「登《のぼ》り石垣《いしがき》」で繋いで防御力を高めている点だ。しかし、慶長14年（1609）の脇坂転封後は使われておらず、事実上の廃城となった。

明治維新後は下の城の御殿も撤去された。昭和4年（1929）に昭和天皇御大典記念として鉄筋コンクリート製の模擬天守が上の城の天守台に建造される。江戸時代の天守を復元したものではないが、現存する模擬天守としては日本最古である。平成11年（1999）1月14日、本丸を含む山上の史跡は戦国から寛永期の様式をよく表し、保存状態も良く、国の史跡に指定された。また、三熊山麓にあるかつての居城跡も洲本市の史跡に指定されている。現在は淡路文化史料館、裁判所、税務署となっている。

バリエーション

朱印に加え洲本城と洲本の城下町の写真がデザインされたバージョン。日付は自分で書き込む方式になっている。

城郭DATA

築城年	16世紀前半（永正7年〔1510〕と大永6年〔1526〕の説あり）
別名	三熊城
所在地	兵庫県洲本市小路谷1272-2
営業時間	―
アクセス	神戸淡路鳴門自動車道「洲本IC」より約25分
定休日	―
駐車場	あり（無料）
入場料	無料

御城印

兵庫県姫路市

日本100名城／国宝・世界遺産

姫路城《ひめじじょう》

池田家の家紋「揚羽蝶」をモチーフにした御城印

❶関ヶ原の合戦の後に池田輝政が入城。現在の姫路城の連立式天守を作り上げた池田家の家紋である「揚羽蝶」。池田家の御殿があった備前丸より出土した平瓦にあった揚羽蝶の模様を抽出し、配している。

❷「國寶姫路城」の文字は菱の門にかかる木の看板の文字を抽出し、配している。この看板は昭和の初期に姫路城が国宝保存法により国宝と指定された際に掲げられたと言われている。

❸左上には天守の飾りでもある懸魚「三花蕪懸魚」を元に作成したデザインが配され、右下には算木積みによる「扇の勾配」がデザインされている。

御城印DATA

販売場所	姫路城売店（出改札横）
販売料金	300円（税込）

徳川新時代を象徴した世界遺産

最初に姫路に砦を築いたのは赤松氏であった。応仁《おうにん》・文明《ぶんめい》の乱後、黒田氏が預かり、黒田重隆《くろだしげたか》の居城であったが、羽柴秀吉《はしばひでよし》が天正《てんしょう》8年（1580）に改修している。

現存する姫路城を築いたのは、関ヶ原の合戦後に入封《にゅうほう》した池田輝政《いけだてるまさ》。慶長《けいちょう》6年（1601）に8年がかりの大改修工事を開始し、連立式天守を完成させた後、本多《ほんだ》忠政《ただまさ》が入城して西の丸などを増築した。姫路城は、大坂城の豊臣秀頼《とよとみひでより》や豊臣恩顧の西国大名を牽制するため、財力と人員を注ぎ込んで改築された、徳川新時代を象徴する豪華で壮麗な城であった。

白い鷺が羽を広げたように見えることから白鷺城《しらさぎじょう》と称される。白亜の天守の美しさだけでなく、江戸時代の建造物である大小天守4棟と渡櫓《やぐら》4棟、櫓16棟、渡櫓11棟、門15棟、塀32棟の合計82が奇跡的に現存。国宝にして、世界遺産にも選ばれている。

縄張《なわばり》は、天守のある姫山を中心に周囲の平地まで含み、螺旋状に左まわり、三重に曲輪《くるわ》を配した珍しい構造を持つ。総延長約11・5㎞の堀に囲まれた内側が内曲輪、中

左から乾小天守、西小天守、大天守。ほかにも東小天守があり、各小天守は渡櫓で連結された連立式になっていて、この城のほかに伊予松山城しか現存していない珍しい構造。

曲輪、外曲輪。土塁や石垣で固められ、桝形虎口の城門で厳重に守られた。内曲輪の本丸と二の丸の配置は、地形や高低差が利用されている。豊臣秀吉時代の城の名残で小さな曲輪が雛壇状に並んでおり、攻めにくく守りやすい防衛ラインである。

外堀は城下町を丸ごと包んでおり、外曲輪以内の広さは、東西約1・6km、南北約1・7km、面積は約233haに及ぶ。

大天守は五重六階地下一階で、それまでタブーであった大坂城を超える巨大さ。その床面積、階数、高さは現存12天守の中でも最大級。天守までの侵攻ルートの複雑さは、焦りといらだちを誘い戦意を喪失させる心理戦略となっている。

本多忠政によって整備された西の丸は、土塀越しに連なる天守群の景観が美しく有名な撮影スポットになっている。

はの門への坂道は将軍坂と呼ばれている。菱の門と連動する第二の関門で、この坂道の上には天守が見える。

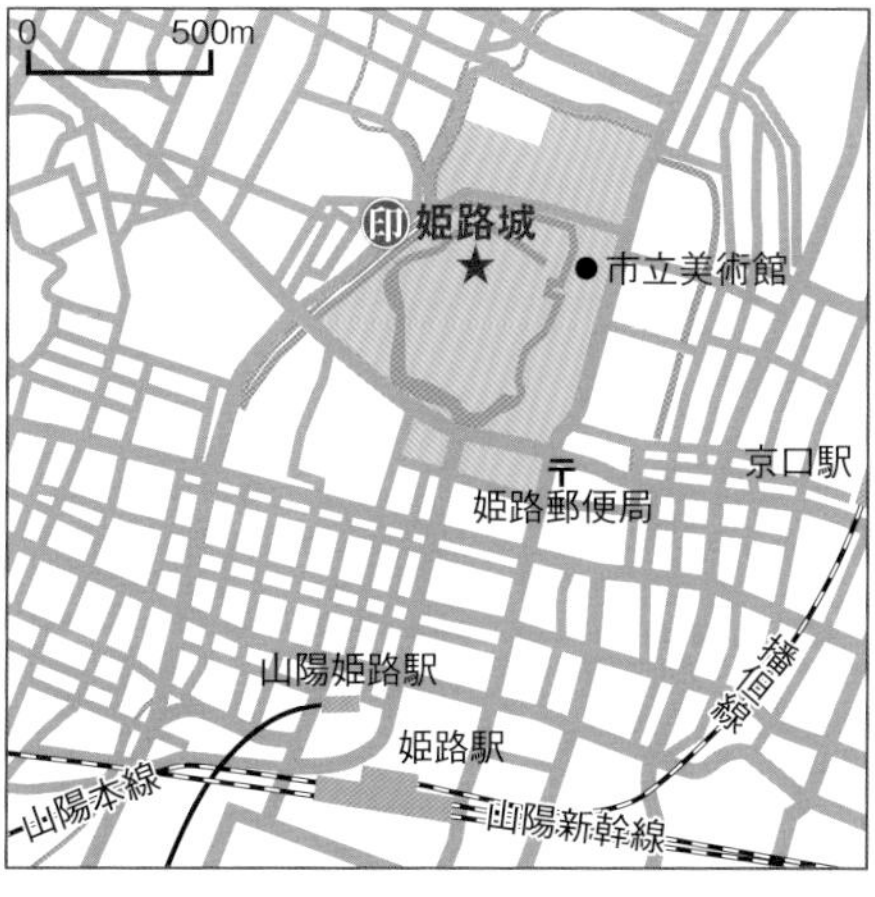

城郭DATA

築城年	天正8年（1580）、慶長6年（1601）
別名	白鷺城
所在地	兵庫県姫路市本町68
営業時間	9:00～16:00
アクセス	JR山陽本線・山陽新幹線・山陽電鉄本線姫路駅から徒歩約20分
定休日	12月29日・30日
駐車場	あり（有料）
入場料	1000円

奈良県高市郡

日本100名城／国指定史跡

高取城《たかとりじょう》

1640年に入城した植村家の「一文字割桔梗」

御城印

❶真ん中に配した家紋は1640年に高取城に入城した植村家のもので「一文字割桔梗」と称されている。植村家の先祖が、主君松平家を助ける武運をあげ賜ったとされる。

御城印DATA

販売場所	販売場所:観光案内所「夢創館」
販売料金	300円（税込）

日本三大山城の一つ

奈良県飛鳥盆地の南、標高583mの山頂を中心に築かれた近世山城。元弘《げんこう》2年（1332）、南朝方に属した高取の豪族、越智八郎が築城した。越智氏は貝吹山城《かいぶきやまじょう》に本城《ほんじょう》を構え、当時の高取城は一支城に過ぎなかった。

その越智氏の時代（1533年）までは、深谷峻崖の天険を利用して、橋梁を設け本棚を廻らしたカキ上げ城（堀を掘った土で土塁を固めた城）であった。

その後、郡山《こおりやま》城主となった豊臣秀長《とよとみひでなが》の命を受け、天正13年（1585）に本多《ほんだ》氏が入城する。時の軍学者、諸木大膳が技師長となり、石塁を築き土塀を廻らし、本丸に大小の天守を起こした。また、多門を連ねて幾多の櫓楼を配し、山城に平城の築城技術の長所を採用したことで、要害堅固と美観の完成で面目を一新。近世的城郭として整備された。

本多氏が絶えた後は、譜代の大名の植《うえ》村家政《むらいえまさ》が寛永《かんえい》17年（1640）に入城する。明治2年（1869）の版籍奉還まで、14代に渡り居城した。そして版籍奉還

本丸・二の丸の約10mあまりの石垣は昔のままで、当初の土塀跡も推察することができる。

により明治政府の管轄になり、明治6年（1873）には廃城となった。

城内（二の門より内）と郭内（釘抜門より内）に分けられる。城内は二の門・壺坂口門・吉野口門より内側を指し、約1万㎡、周囲約3㎞、城郭は約6万㎡、周囲約30㎞もの広大な土地で、山城としては日本一であろう。この中に三層の天守、小天守を擁し、27の櫓（内、多門櫓5）、33の門、土塀、石垣、橋梁、堀切などがある。

現在、楼閣などはことごとく消滅するも、石塁などは旧規模のまま存在する。ふもとの城下町とともに明治まで続いた山城としては、日本でほとんど唯一の例で、極めて貴重な遺構。岩村《いわむら》城、備中松山《びっちゅうまつやま》城とならんで日本三大山城と称され、大きいほど一般的に難攻不落とされる比高（麓から本丸までの高低差）が日本一である。

グッズ・お土産

御城印以外に、家紋バッチ付き登城証明書やマグネット、クリアファイルなどの関連グッズも販売されている。

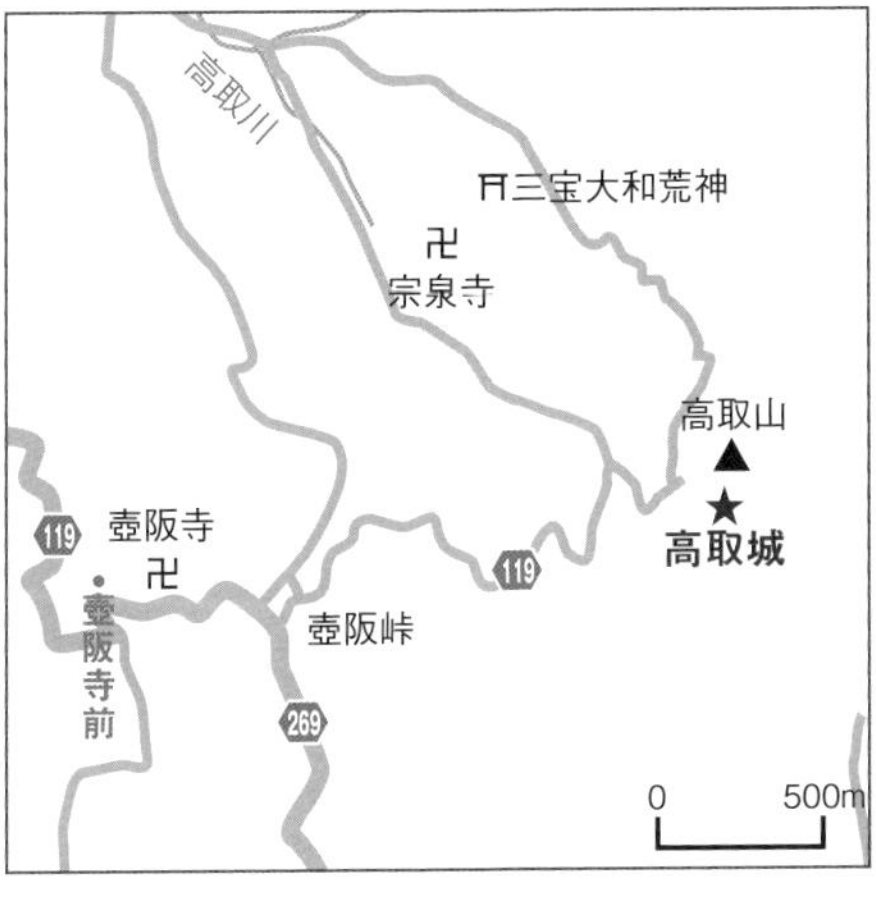

城郭DATA

築城年	元弘2年（正慶元、1332）ころ、天正13年（1585）
別名	芙蓉城
所在地	奈良県高市郡高取町
営業時間	—
アクセス	近鉄吉野線「壺阪山」駅から徒歩1時間30分〜2時間
定休日	年中無休　※山中なので日中に登ることを勧めます。街灯など一切なし。
駐車場	なし
入場料	無料

御城印

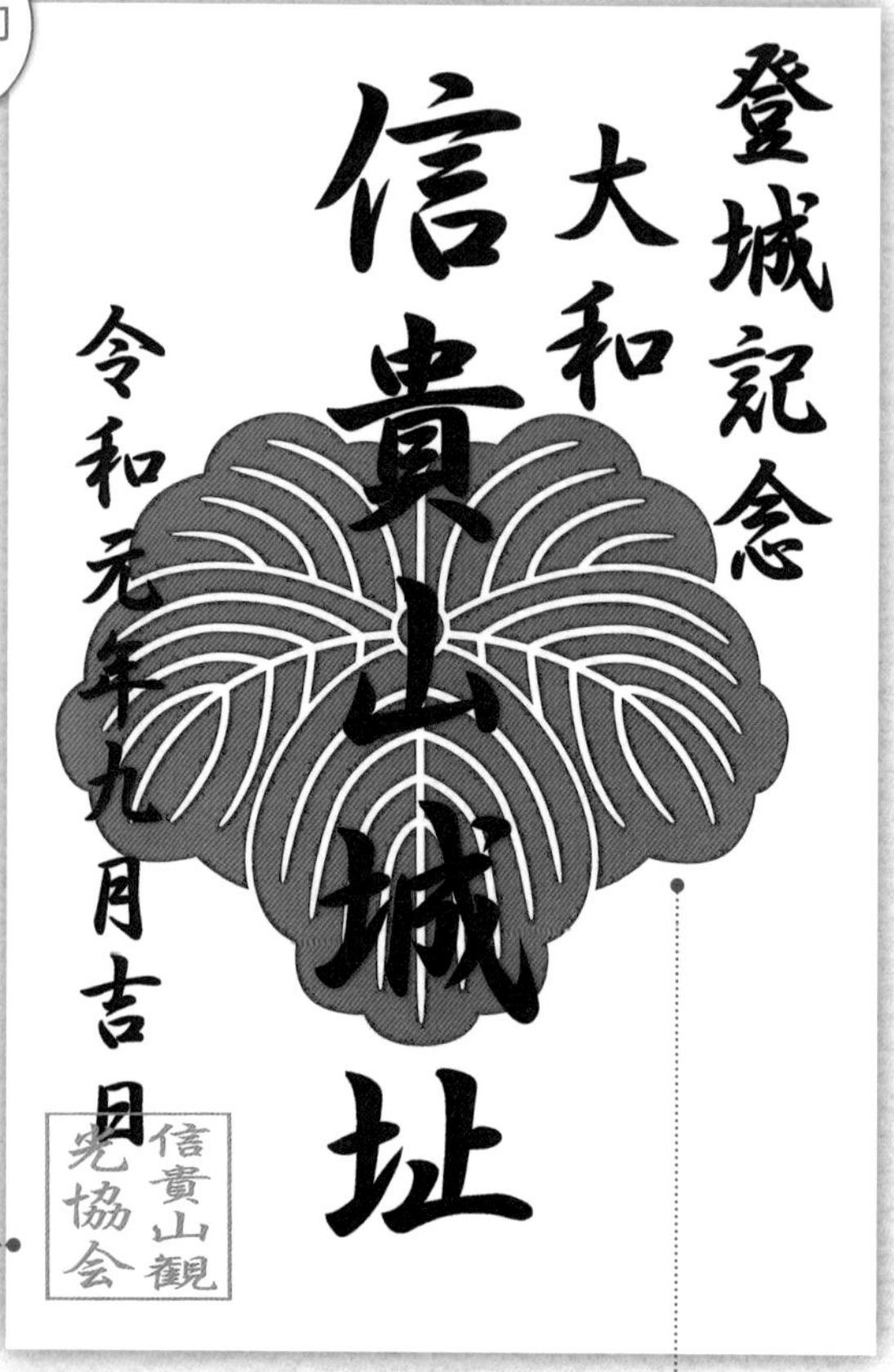

❶松永久秀の家紋「蔦紋」が大きく配されている。

❷御城印を発行している信貴山観光協会の印。

奈良県生駒郡

信貴山城《しぎさんじょう》

戦国の梟雄・松永久秀ゆかりの御城印

御城印DATA

販売場所	信貴山観光iセンター
販売料金	300円（税込）

松永久秀の大和支配の拠点

生駒山地の南東にある、標高437mの信貴山雄嶽《おだけ》を中心にした城で、南北約700m、東西約550mと、奈良県では最大級の規模を持つ中世城郭である。

築城者は楠木正成《くすのきまさしげ》とする説もあるが、その頃は小さな砦のようなものと考えられている。本格的な築城は、天文《てんぶん》5年（1536）、河内《かわち》畠山《はたけやま》氏の重臣であった木沢長政《きざわながまさ》が行ったが、天文11年3月に三好《みよし》・細川《ほそかわ》氏らとの戦いで戦死。信貴山城も炎上し落城している。

その後、永禄《えいろく》2年（1559）、三好氏の重臣、松永久秀《まつながひさひで》が築城して入城。南都北方に築城した多聞《たもん》城とともに、大和支配の拠点として、国人たちを次々と配下に収めていった。

永禄11年（1568）6月には三好康長《やすなが》に攻められて落城するが、織田信長《おだのぶなが》に帰属し、回復している。ところが、将軍足利義《あしかがよし》昭《あき》の企てた「信長包囲網」に加わり、信長に背いた。

天正《てんしょう》5年（1577）には、大坂本願寺《おおさかほんがんじ》攻めに出陣中だったが、突然戦線を離脱して信貴山城に籠城。信長の息子信忠《のぶただ》を総大将とした大軍に包囲されてしまう。

久秀は、信長がかねてより欲しがっていたという平《ひら》蜘蛛《ぐも》茶釜《ちゃがま》に火薬を詰めて爆死したともいう。城に火を放って自害した。これにより松永氏は滅亡し、信貴山城も廃城

松永屋敷跡入口付近。尾根を大規模に造成して平坦地を造り、土塁等で防御し東側に複数の門跡を配していた。

となっている。

信貴山城は、山頂に造られた山城で、小規模ながら天守（高櫓《たかやぐら》）が建てられていたと考えられている。また、古地図などには「松永屋敷」の記述が見られ、居館施設があったと思われる。

信貴山城跡からは、茶臼や石臼の破片が採取されており、久秀の文化人としての側面もうかがえる。

信貴山南側山腹には聖徳太子が創建したと伝わる朝護孫子寺がある。太子が物部守屋討伐の戦勝祈願をしたところ、毘沙門天が現れ必勝の秘宝を授かり、勝利したことからこの山を「信ずべき、貴ぶべき山」として信貴山と名付け、毘沙門天を祀るための寺院を創建した。

城郭DATA

築城年	天文5年（1536）
別名	信貴城、磯城
所在地	奈良県生駒郡平群町信貴山2280-1
営業時間	8:30～17:00
アクセス	近鉄生駒線信貴山下駅から、バスで10分
定休日	なし
駐車場	あり（有料）
入場料	ー

御城印

❶大和国の別称「和州」。「大和国」より響きが柔らかなことから採用された。

❷代々郡山城主を務めた柳澤家の家紋「花菱（はなびし）」を中央に配している。

❸御城印を配布している柳沢文庫が所在する「毘沙門曲輪」が記されている。

❹文字は柳沢文庫が所蔵する史料『福寿堂年録』から取ったものを組み合わせている。

奈良県大和郡山市

続日本100名城／国指定史跡

郡山城《こおりやまじょう》

代々城主を務めた柳澤家の家紋「花菱」を配す

御城印DATA

販売場所	柳沢文庫受付 大和郡山市観光協会
販売料金	300円（税込）

政治・経済の要衝地

大和郡山は、大阪や京都に近く、古くから軍事や政治の要衝であった。天正《てんしょう》4年（1576）に織田信長《おだのぶなが》を後ろ盾として大和国支配を任された筒井順慶《つついじゅんけい》は、天正8年（1580）に新たに築かれた郡山城に入城した。

その後、天正13年（1585）、豊臣秀吉《とよとみひでよし》の弟秀長《ひでなが》が入封《にゅうほう》した。秀長は優秀な実務派で、秀吉の参謀役として数々の功績を立てており、郡山に入ったときは、大和《やまと》・和泉《いずみ》・紀伊《きい》の三国、百万石を領有したのである。そして、郡山城も石高《こくだか》にふさわしく整備された。

秀長の入城後、郡山は政治的、経済的にも大きな意義をもつようになる。百万石の領主にふさわしい城郭を構築し、箱本十三町といわれる新しい自治制度をはじめた。奈良での商売を一切禁止し、近隣の町からも商人・職人を呼び寄せるなどして商業を郡山へ集積させた。

秀長の死後、増田長盛《ましたながもり》が20万石で入城し、秋篠川《あきしのがわ》の付け替えや溜池をつないで周囲が50町13間（約5・5㎞）の外堀を完成。徳川時代には水野勝成《みずのかつなり》、松平忠明《まつだいらただあきら》、本多政勝《ほんだまさかつ》、松平信之《まつだいらのぶゆき》、本多忠平《ほんだただひら》など徳川譜代《とくがわふだい》の城主の後、享保《きょうほう》9年（1724）、柳澤吉里《やなぎさわよしさと》が甲府より15万石で入城し6代145年間続く。

明治2年（1869）、柳澤保申《やなぎさわやすのぶ》が最後の藩主であったときに版籍奉還となり、明治6年（1873）には政府の方針により城郭が全て入札売却された。

復元された追手門、隅櫓、多聞櫓などが往時を偲ばせる。天守台の石垣には、さかさ地蔵や羅城門の礎石などの転用石がある。

近年では、昭和58年（1983）に梅林門、昭和59年（1984）に追手隅櫓《おおてすみやぐら》、昭和62年（1987）に追手向櫓《おおてむかいやぐら》がそれぞれ復元された。

また、天守台は本丸の北端にあり、転用石が多く見られる。北東角石には平城京の羅城門《らじょうもん》の礎石《そせき》との謂われがある転用石もある。北面石垣の築石としてさかさまに突っ込まれている「逆《さか》さ地蔵」も有名である。

令和4年（2022）11月に国史跡に指定された。

昭和35年（1960）、郡山城跡が県の史跡指定になったのと同じ年に財団法人郡山城史跡・柳沢文庫保存会として発足。

城郭DATA

築城年	天正8年（1580）
別名	ー
所在地	奈良県大和郡山市城内町2-18
営業時間	ー
アクセス	近鉄郡山駅から徒歩10分
定休日	ー
駐車場	ー
入場料	ー

御城印

❶一番上の家紋は水野家「丸に立ち沢瀉」、二番目の家紋は浅野家「餅の内に杵」。1枚毎に手押しで作成している。

和歌山県新宮市

続日本100名城／国指定史跡

新宮城《しんぐうじょう》

水野家と浅野家の家紋を1枚毎に手押し

御城印DATA

販売場所	阿須賀神社社務所（続百名城スタンプラリーのスタンプ設置の歴史民俗資料館横）、新宮市観光協会（JR新宮駅前　熊野御坊南海バス（株）1F）
販売料金	300円（税込）

歴史を刻む堅牢な石垣

慶長《けいちょう》5年（1600）、紀伊和歌山城《わかやまじょう》主浅野幸長《あさのよしなが》は、家老《かろう》の浅野忠吉《ただよし》に新宮の地を分与し、築城工事は翌年から始まった。

一国一城令《いっこくいちじょうれい》で一旦廃城となるが、元和《げんな》4年（1618）、築城許可がおりて、再び築城に着手。

だが翌年、工事半ばで主家の長晟《ながあきら》が安芸《あき》広島《ひろしま》へ転封《てんぽう》となり、家老の忠吉も安芸三原《みはら》へ移った。代わって徳川家康《とくがわいえやす》の母方のいとこにあたる水野重央《みずのしげなか》が入り、築城工事を引き継いだ。

そして寛永《かんえい》10年（1633）、城を完成させたのは、2代重良《しげよし》である。9代忠央は紀州藩主《きしゅうはんしゅ》の徳川慶福《よしとみ》（家茂《いえもち》）の14代将軍就任に関わるなど、幕府の中枢で活躍する一方、学問や芸術にもすぐれ、『丹鶴叢書《たんかくそうしょ》』を編集・刊行したことで知られている。

水野氏は10代続いて熊野地方の林産物を中心とした経済基盤をもとに領内を支配し、明治維新を迎えたが、明治6年（1873）の廃城令により城は取り壊された。

熊野川《くまのがわ》河口近くの丘陵上に築かれた総石

本丸には写真の搦手や天守台、石割りのクサビ跡、丹鶴姫の碑などが見られる。

垣造の平山城《ひらやまじろ》で、本丸からは城下町を越えて太平洋まで一望できる。南端に鐘の丸、その北西に松の丸、西側山麓には二の丸を配置。

城郭内に港跡がある。6mもの高さの石垣は洪水にそなえられたもの。また20棟の建物跡が発見されており、備長炭を専売していた領主水野氏の炭納屋跡と想定されている。

本丸付近の入口にある枡形《ますがた》の石垣は切込《きりこみ》接《はぎ》で、寛文《かんぶん》年間に3代水野重上《しげたか》によって増築されたものと考えられる。現在は、本丸からの景色や当時の姿を残す美しい石垣が見どころとなっている。

バリエーション

通常版の他も「石垣版バージョン」（通年）と「クマノザクラバージョン」（春限定　※販売枚数限定）も発売されている。

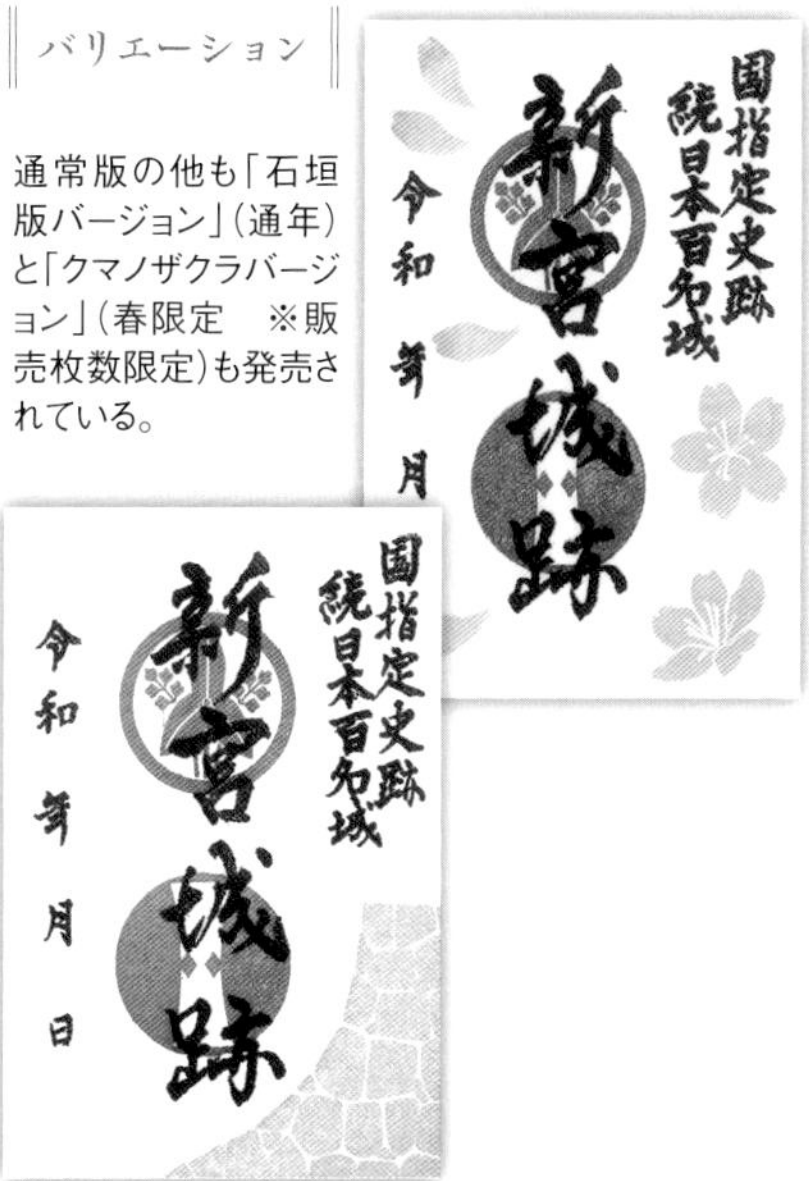

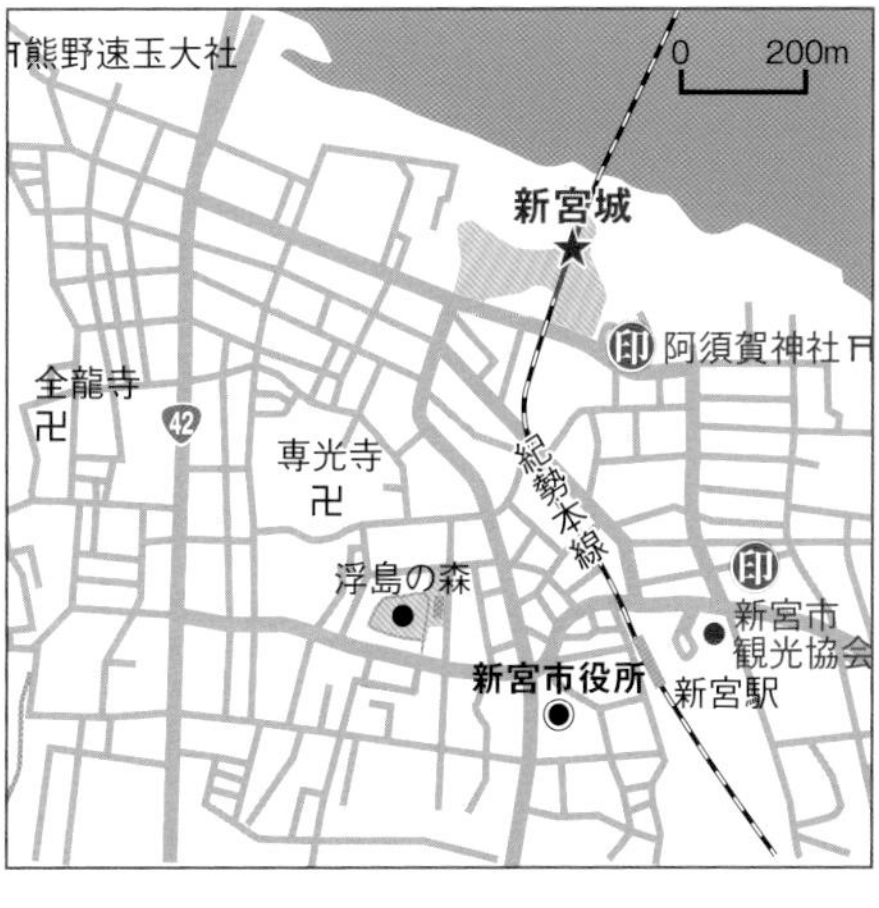

城郭DATA

築城年	慶長6年（1601）
別名	丹鶴城、沖見城
所在地	和歌山県新宮市丹鶴3丁目7688-2
営業時間	―
アクセス	JR紀勢本線「新宮駅」から徒歩約10分
定休日	―
駐車場	あり（無料）
入場料	無料

御城印

鳥取県八頭郡若桜町
続日本100名城／国指定史跡

若桜鬼ヶ城《わかさおにがじょう》

山崎氏、木下氏、八木氏の家紋が並ぶ

❶上から山崎氏「檜扇に四ツ目」、木下氏の「立ち沢瀉」、八木氏の「三つ盛木瓜」の家紋が配されている。

❷デザイン、揮毫、監修のすべてに若桜町関係者が携わっている。

御城印DATA

販売場所	若桜町観光案内所
販売料金	300円（税込）

尼子・毛利・織田らが攻防を繰り広げた

正治《しょうじ》2年（1200）、若桜宿の南東、鶴尾山に矢部暉種《やべあきたね》が築いた城館が前身といわれる。矢部氏16代の城主が続き、戦国期は尼子《あまご》・毛利《もうり》・織田《おだ》などの有力大名が重要拠点であったこの地を巡り、激しい攻防を繰り広げた。

天正《てんしょう》3年（1575）、山中幸盛《やまなかゆきもり》（鹿介《しかのすけ》）が尼子氏再興を図り入城。豊臣秀吉《とよとみひでよし》の中国侵攻後に秀吉の家臣木下重賢《きのしたしげかた》、関ヶ原の合戦後には山崎家盛《やまざきいえもり》の居城となる。この両氏は城下町の発展にも力を注ぎ、街道の整備や治水事業、侍・寺社・町人ごとの集住地を決めるなど、大規模な修築を行ったと考えられる。

播磨《はりま》・但馬《たじま》の両国に通じる街道の結節点に位置し、因幡《いなば》の重要拠点として栄えたものの、元和《げんな》3年（1617）、池田光政《いけだみつまさ》が因伯2国を領する鳥取《とっとり》城主となると、一国一城令により廃城となる。

城郭の遺構は大きく2つに分けられている。一つは北の尾根に築かれた郭《くるわ》群の古城《こじょう》部で、もう一つが標高約452mの山頂に

若桜鬼ヶ城跡は山頂まで200mの標高差。様々な散策ルートがある。

位置する主郭《しゅかく》部である。

戦国時代の山城の遺構である山腹の古城部には、竪堀《たてぼり》や堀切《ほりきり》が南北の尾根沿いに造られていた。主郭部は付近で採取された石材を用いた石垣で築かれていて、江戸初期に築かれたと思われる三の丸に開かれた大《おお》手虎口《てこぐち》や、本丸南東隅に設けられた天守台などがあった。

山内に中世〜近世初期の遺構が折り重なるように残っていることや「廊下橋虎口」（諸説あり）など他の城では見られない貴重な遺構が残っているため、平成20年に国史跡に指定された。

また、本丸の西側など、かなりの石垣が崩れている箇所がある。これは廃城を受けて意図的に壊す破城という行為の後で、その状況を今に留めているのは価値がある。

古城部に残る竪堀（両側は郭）。

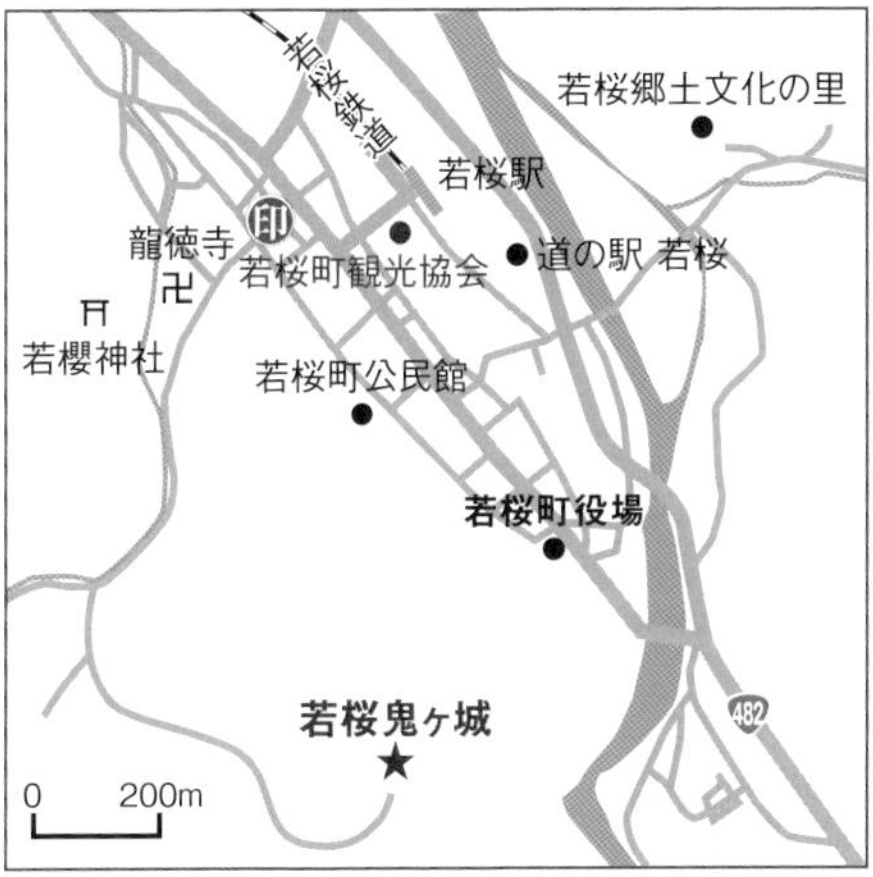

城郭DATA

築城年	諸説あり
別名	若桜城、若佐城
所在地	鳥取県八頭郡若桜町大字若桜・三倉
営業時間	—
アクセス	JR鳥取駅より若桜鉄道若桜行で 終点若桜駅下車徒歩約45分
定休日	—
駐車場	あり（無料）
入場料	—

御城印

鳥取県米子市

続日本100名城／国指定史跡

米子城《よなごじょう》

吉川氏をはじめとした5氏の家紋を配置

❷台紙は「因州和紙」を素材にしている。

❶城主や城預かりとして米子城を収めた吉川氏「丸に三つ引両」、中村氏「立ち沢瀉」、加藤氏「蛇の目」、池田氏「揚羽蝶」、荒尾氏「九曜」の5つの家紋を配置。特に池田氏の家紋は、天城池田家の墓所がある岡山県まで資料を求めて制作している。

御城印DATA

販売場所	米子まちなか観光案内所（Tel:0859-21-3007）
販売料金	300円（税込）

海を望む山陰随一の名城

西伯耆《にしほうき》の拠点的な城であり、山陰で最初に築かれた近世初期の城郭。文献上は、「出雲私記」に文明《ぶんめい》2年（1470）に初めて記述がみられるが、応仁《おうにん》・文明の乱（1467～77）の頃、山名宗之《やまなむねゆき》が砦を築いたことにはじまると伝えられている。

毛利《もうり》氏の山陰平定後は吉川広家《きっかわひろいえ》が入ると、天正《てんしょう》19年（1591）に石垣《いしがき》を備えた本格的な城としての築城が隣接する湊山《みなとやま》に開始され、後の小天守である三重四階天守が築かれたという。工事はたびたび中断し、吉川氏は完成した城を見ることなく、慶長《けいちょう》5年（1600）の関ヶ原の合戦に敗れ、岩国に国替えとなった。

慶長《けいちょう》5年（1600）、中村一忠《なかむらかずただ》が伯耆国18万石の領主として任ぜられ、慶長7年（1602）頃、四重五階（大天守）を建造し、城を完成させたといわれている。ところが、その7年後に一忠が急死し中村氏が断絶。

翌年、会見《あいみ》・汗入《あせり》6万石の領主として加《か》藤貞泰《とうさだやす》が入城した。元和《げんな》3年（1617）、加藤氏は伊予大洲《いよおおず》へ国替えとなり、因伯《いんぱく》領

現在、内堀から内部は、飯山と湊山の一部を除き、「湊山公園」となっており、城山一帯には、市街地に残る数少ない貴重な自然が保護され、多くの動植物に接することができる。

主池田《いけだ》光政《みつまさ》の一族、池田由之《よしゆき》が米子城預かり3万2000石となった。その後、寛永《かんえい》9年（1632）には、池田光仲《みつなか》が因伯領主となり、家老の荒尾成利《あらおなりとし》が米子城預かり1万5000石となる。以後明治2年（1869）まで、代々荒尾氏が米子城主として城を預かった。

その後は荒尾氏から藩庁へ引き渡され、士族に払い下げられた。そして明治6年（1873）、米子城の建物の大半は売却され、数年後に取り壊されることとなる。

標高約90・1mの湊山山頂の天守を中心に、峰続きの丸山と東の飯山《いいのやま》に出丸を、湊山の麓に二の丸、三の丸、御船手郭《おふなてくるわ》（深《ふか》浦郭《うらくるわ》）を配する。城山を内堀で囲み、外郭に武家屋敷を配して外堀を巡らせるという、典型的な平山城の特色を備えている。

大小天守跡からは絶景を眺められるが、江戸時代に発布された「一国一城令」の下、例外として存続を許された支城のなかで、このような天守をそなえたものは全国でも稀。城の建物はほぼ姿を変えずに明治にいたるまで維持されていたが、石垣や礎石などのみが現存し、城郭の形態を留めるのみ。しかし、米子城に関する文献・絵図資料などは数多く、良好な状態で伝えられている。そのため、平成18年1月に米子城跡は国史跡に指定された。

現在は失われているが、四重五層の天守があった天守台や、四重櫓台など、様々な時代の石垣が見られるのが米子城跡の魅力。

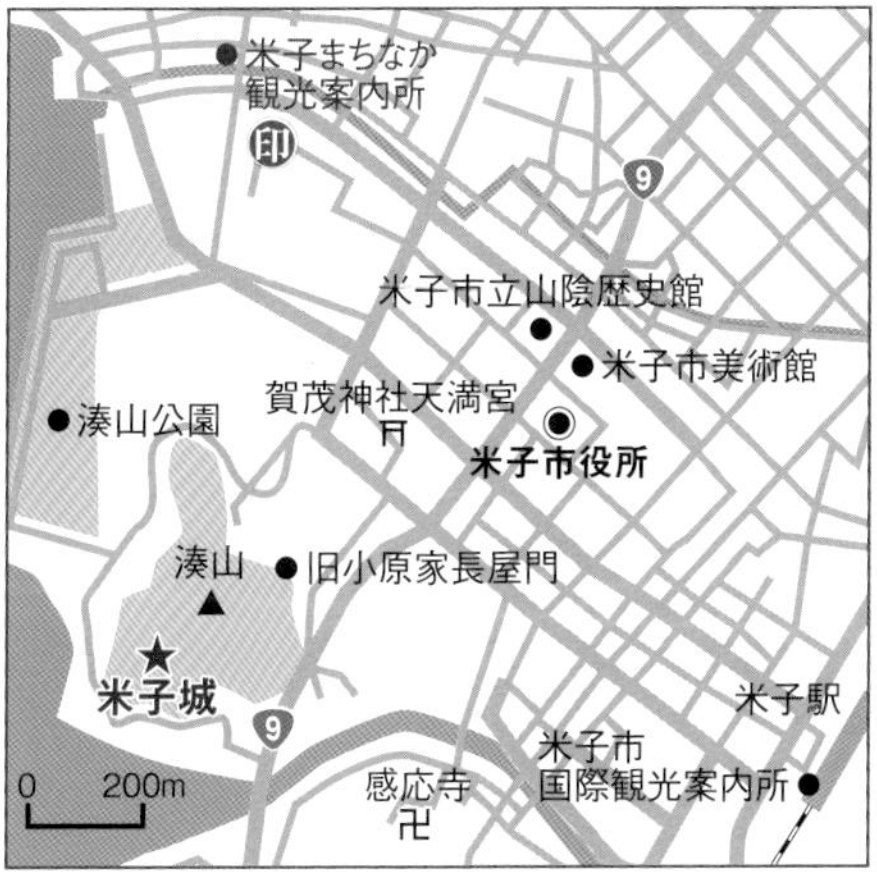

城郭DATA

築城年	応仁・文明の乱（1467～77）の頃
別名	湊山金城、久米城
所在地	鳥取県米子市久米町
営業時間	ー
アクセス	JR米子駅から徒歩約10分
定休日	ー
駐車場	あり（湊山公園無料駐車場）
入場料	ー

御城印

島根県安来市

日本100名城／国指定史跡

月山富田城《がっさんとだじょう》

月に祈る山中鹿介のシルエットをデザイン

❶富田城歴代城主「尼子氏」「吉川氏」「堀尾氏」の家紋が並ぶ。「月山富田城」の揮毫は尼子氏ゆかりのお寺の住職によるもの。

❷三日月に祈る山中鹿介のシルエットがデザインされている。

❸伝統工芸品に指定されている広瀬和紙が使用されている。富田城ゆかりの富田八幡宮で「所願成就」のご祈祷済み。

御城印DATA

販売場所	安来市立歴史資料館、広瀬絣センター
販売料金	300円（税込）

出雲尼子氏の盛衰とともに

築城は長寛《ちょうかん》～文治《ぶんじ》年間（１１６３～９０）の頃と推定されている。築城者は平家の大将悪七兵衛《あくしちびょうえ》平景清《たいらのかげきよ》であると伝えられているが、諸説があり定かではない。

鎌倉時代、出雲守護となった佐々木義清《ささきよしきよ》が入城してから、一時、守護所が塩冶大廻《えんやおおさこ》城に移るも、南北朝時代の山名《やまな》氏、室町時代の京極《きょうごく》氏など、歴代の守護が居城とした。

最盛期は、京極氏の老臣筆頭で守護代、尼子経久《あまごつねひさ》の時代。経久は守護京極政経《まさつね》に対抗して戦国大名として独立し、富田城を追われたが、文明《ぶんめい》18年（１４８６）に富田城奪回に成功し、下剋上を成し遂げた。

その後、周防《すおう》・長門《ながと》の宿敵大内《おおうち》氏とこの城をめぐり2度の大きな合戦があった。経久の孫、晴久《はるひさ》の代の天文11年（１５４２）に起こった第一次月山富田城合戦では、籠城作戦で大内義隆《よしたか》軍を退けた。続いて晴久の子・義久《よしひさ》の代の永禄《えいろく》８年（１５６５）第二次月山富田城合戦では、安芸《あき》の毛利元就《もうりもとなり》に侵攻され、再度籠城するも、翌年開城。

後に入城した毛利氏や吉川《きっかわ》氏、堀尾《ほりお》氏により近世城郭に造り直されたが、慶長《けいちょう》16年

月山の北側平地部には山中御殿と呼ばれる総石垣の曲輪があり、近世期には城主の居館があったと考えられる。

城郭DATA

築城年	平安～鎌倉時代、慶長5年（1600）
別名	月山城、富田城
所在地	島根県安来市広瀬町富田
営業時間	ー
アクセス	JR安来駅から車で20分
定休日	なし
駐車場	あり（無料）
入場料	無料

（1611）、城主堀尾吉晴《よしはる》が新たに築いた松江《まつえ》城に移ったため、廃城となった。

尼子再興に尽した山陰の麒麟児

御城印のモチーフになっている山中鹿介《やまなかしかのすけ》幸盛《ゆきもり》は、「願わくは、我に七難八苦を与えたまえ」と三日月に祈った逸話から、戦前の教科書に国民教育の題材として採用された悲運の武将である。山中家を継いだ際、家宝である三日月の前立《まえだて》に鹿の脇立《わきだて》のついた冑《かぶと》を譲り受け、鹿介と名を改めたという。

優れた武勇の持ち主で、第二次月山富田城合戦では毛利勢の武将である品川大膳《しながわだいぜん》との一騎打ちで見事勝利し士気を高めるも、兵糧攻めに遭い尼子軍は降伏、滅亡してしまう。

しかし鹿介は立原源太兵衛久綱らと尼子氏再興を決意した。京都に落ち延びていた尼子の遺児、尼子孫四郎勝久《まごしろうかつひさ》を大将として、尼子家再興を図り、永禄12年（1569）には月山富田城を除く出雲地方をほぼ手中とするまでとなった。

だが、三度にわたる尼子再興運動も毛利に破れて失敗に終わり、天正《てんしょう》6年（1578）勝久は自害、鹿介も殺害され

千畳平には、城下町から見上げることのできる巨大な石垣がある。造られた年代は尼子氏の後の城主の頃であると考えられる。

バリエーション

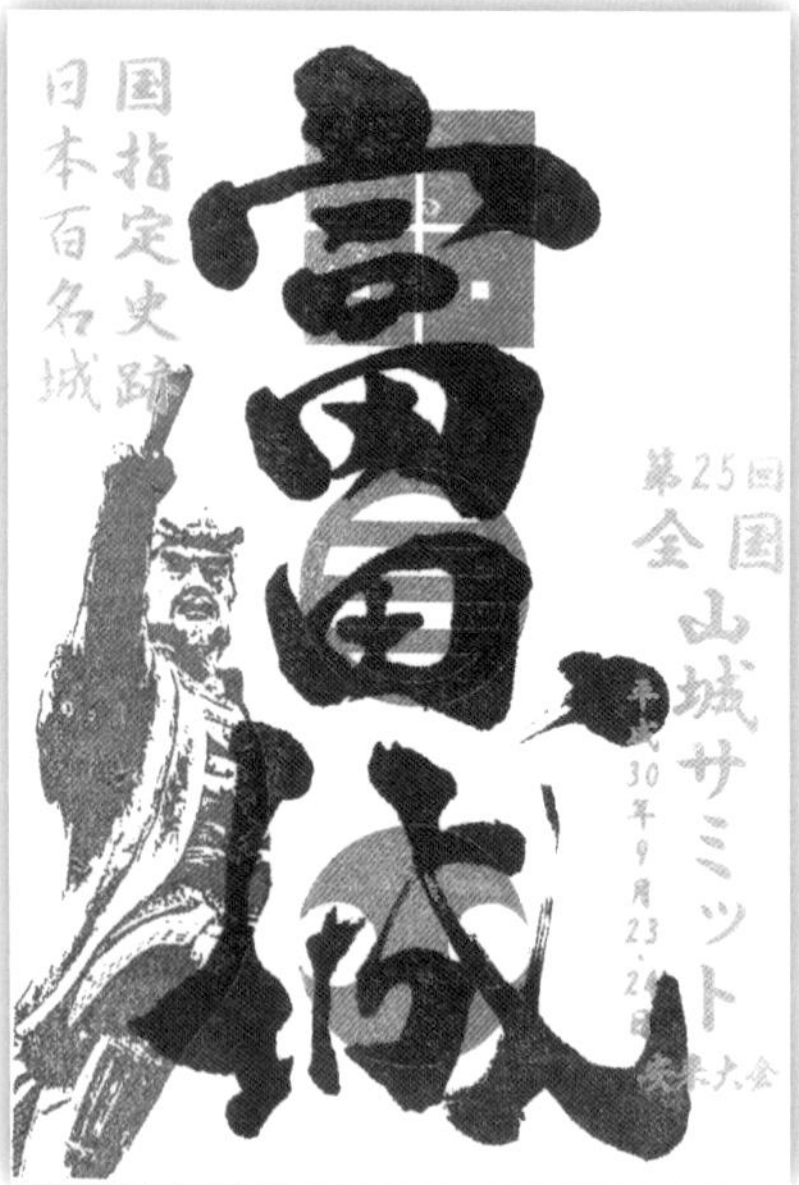

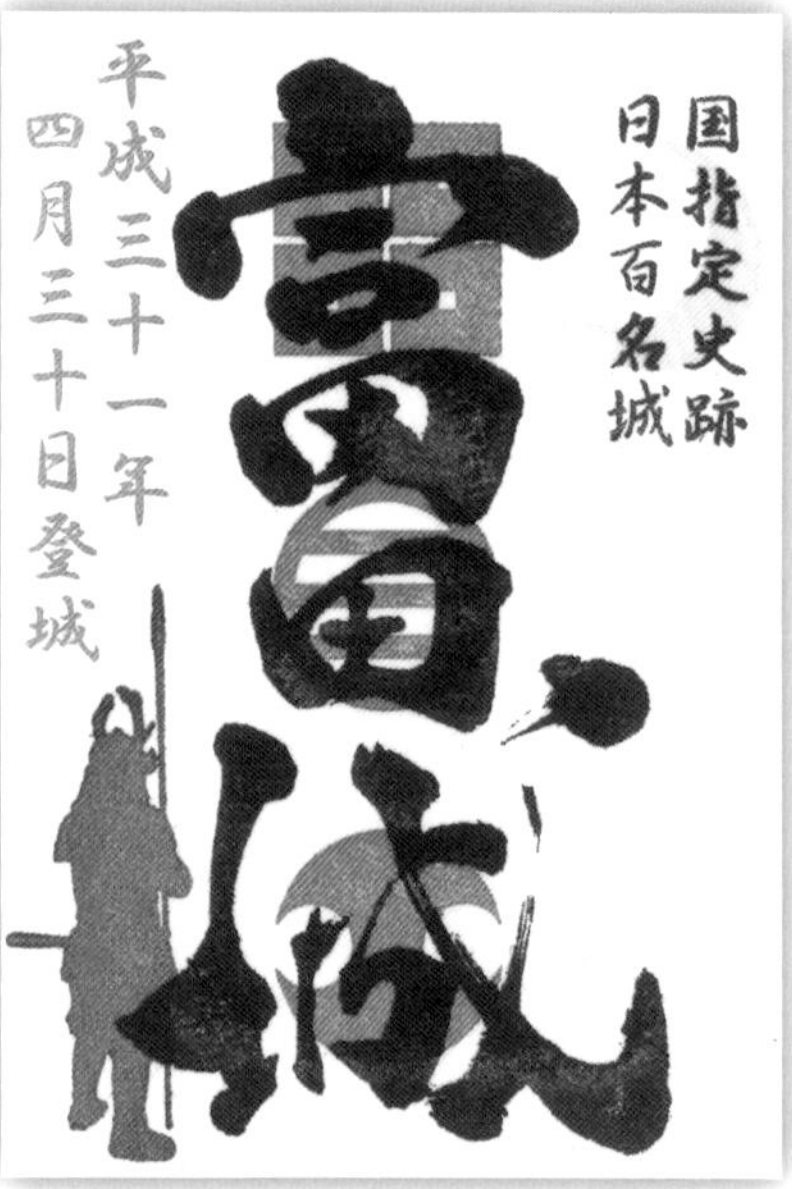

全国山城サミットver.と平成版

平成30年（2018）に安来市広瀬町で開催された「全国山城サミット安来大会」「戦国尼子フェスティバル」を機に発売された「全国山城サミットver.」（左）。馬上で指揮を執る尼子経久公のシルエットがデザインされている。右は平成31年版の御城印。

花ノ壇は発掘調査によって掘立柱建物跡が発見され、平成8年に一部が復元・整備されている。

た。こうして再興の道は絶たれ、尼子氏繁栄180年の幕を閉じた。

難攻不落の巨大山城

　富田城は標高190mの天嶮《てんけん》の地、月山にあり「要塞城」ともいわれる。兵糧攻めの末の降伏はあっても、力攻めによっては落城することは一度もなかった。山全体が要塞として大改修され、現在残る城址の原型が築かれたのは晴久から義久の頃である。

　城を攻めるには大手道の菅谷口の他、御子守口、塩谷口の3方面しかなく、3つの登城道はすべて、中心部の御殿平にある山《さん》中御殿《ちゅうごてん》に通じている。城内曲輪の下段、中段の山中御殿と段階的に攻城を防ぎ、本丸と二の丸の間には深さ7～8mの堀を築いて守りを固めていた。

　城域は山頂の本城を中心に1・5km四方に広がり、本丸、二ノ丸、三ノ丸の順に直線に並ぶ連郭式。それぞれの石垣は低い石垣を段々に積み重ねる「段築《だんちく》」で築かれている。政庁として利用されていた数々の曲輪は、千畳平《せんじょうひら》、花ノ壇、奥書院などがある。

太鼓を打ち鳴らし、兵士を召集する場所であった太鼓壇に建つ「山中鹿介幸盛祈月像」。三笠山に懸かる三日月を拝して「我に七難八苦を与え給え」と祈念する姿。

御城印

島根県松江市

日本100名城／国宝

松江城《まつえじょう》

堀尾但馬の直筆の揮毫と歴代城主の家紋

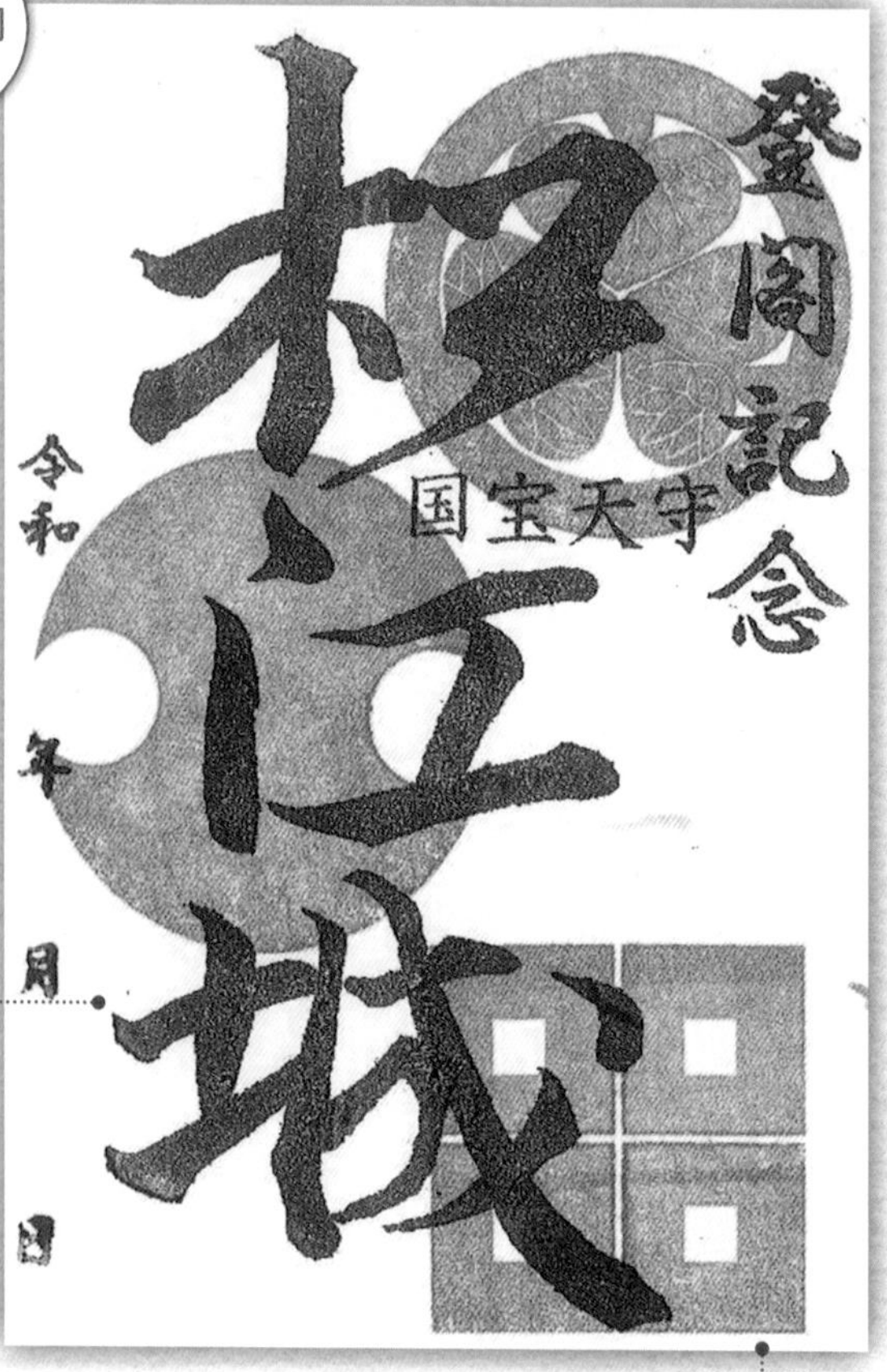

❶「松江城」の揮毫は松江開府の祖・堀尾吉晴の従兄弟である堀尾但馬の直筆を「堀尾古記」より引用。

❷朱印は歴代城主の家紋で上から松平氏「三つ葉葵」、堀尾氏「分銅紋」、京極氏「四ツ目結」。

御城印DATA

販売場所	ぷらっと松江観光案内所
販売料金	350円（税込）

山陰地方にただ一つ現存する天守

慶長《けいちょう》5年（1600）の関ヶ原の合戦の後、出雲《いずも》・隠岐《おき》の両国を拝領した堀尾忠氏《ただうじ》は、父の吉晴《よしはる》と共に、遠江国《とおとうみのくに》浜松から月山《がっさん》富田城《とだじょう》に入った。しかし、松江の将来性に着目して城地を移す決意をするが、忠氏が急逝。城普請の名人であった吉晴は孫の忠《ただ》晴《はる》を助けて松江城と城下町を建設し、現在の松江市の礎を築いたという。

寛永《かんえい》11年（1634）より堀尾家の跡を継ぎ、若狭国《わかさのくに》小浜から出雲に入国したのが、京極忠高《きょうごくただたか》である。在城期間は3年余りで短かったが、当時、度重なる洪水で氾濫を起こしていた斐伊《ひい》川を改修した。現在でも京極若狭守忠高にちなんだ「若狭土手」という名が残っている。また、幕府直轄領の石《いわ》見《み》銀山《ぎんざん》の監督権を与えられるなど、歴代松江藩主のなかでも最大の領地を治めたといわれる。

寛永15年（1638）からは松平直政《まつだいらなおまさ》が信濃国《しなののくに》松本から出雲に入国し、明治4年（1871）まで松平氏が10代にわたって統治した。

その後廃城令を受け、明治8年、広島鎮台は、松江城の建造物と三の丸御殿を民間に払い下げると決定し、櫓や御殿などは取り壊された。天守は180円で落札されたが、地元の有志により資金が調達され、買い戻されて取り壊しは中止し、保存されることとなった。

現存する12天守の1つで、別名「千鳥城」とも呼ばれている。

この城は山陰地方に現存するただ一つの天守で、平成27年（2015）7月、国宝に指定された。望楼型の天守は四重五階地下一階付で桃山時代の城の様式を残している。その造りは実に戦闘的で、敵を欺くような石落や戦いの際には取り外しができる桐材の階段、90を超す鉄砲狭間《てっぽうさま》や矢狭間《やざま》、井戸の設置など、実際の戦闘を想定した防御策がとられている。

天守台の石垣は野面積《のづらづみ》と打込接《うちこみはぎ》の併用である。二の丸と本丸は折を多用した高石垣で囲み、ここから鉄砲を重層的に活用できるようにしている。

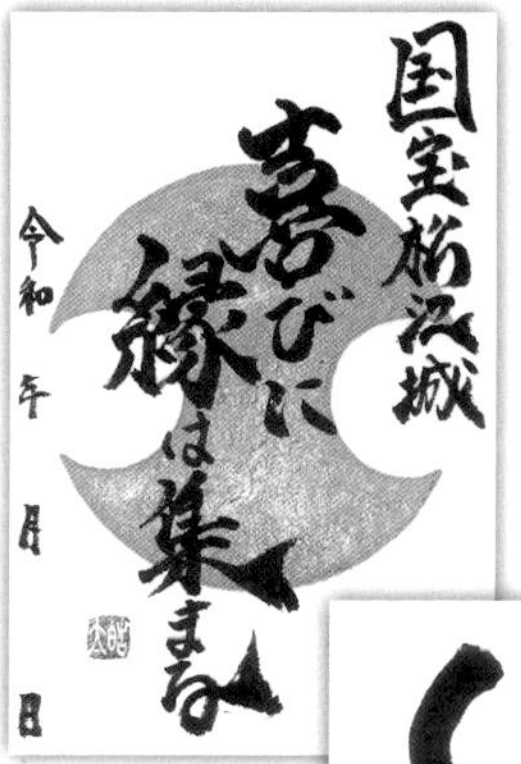

シンプルな御城印に加え、一枚ずつ違うメッセージが書かれた、路上詩人こーた氏による手書きの御城印としまねっこ御城印。

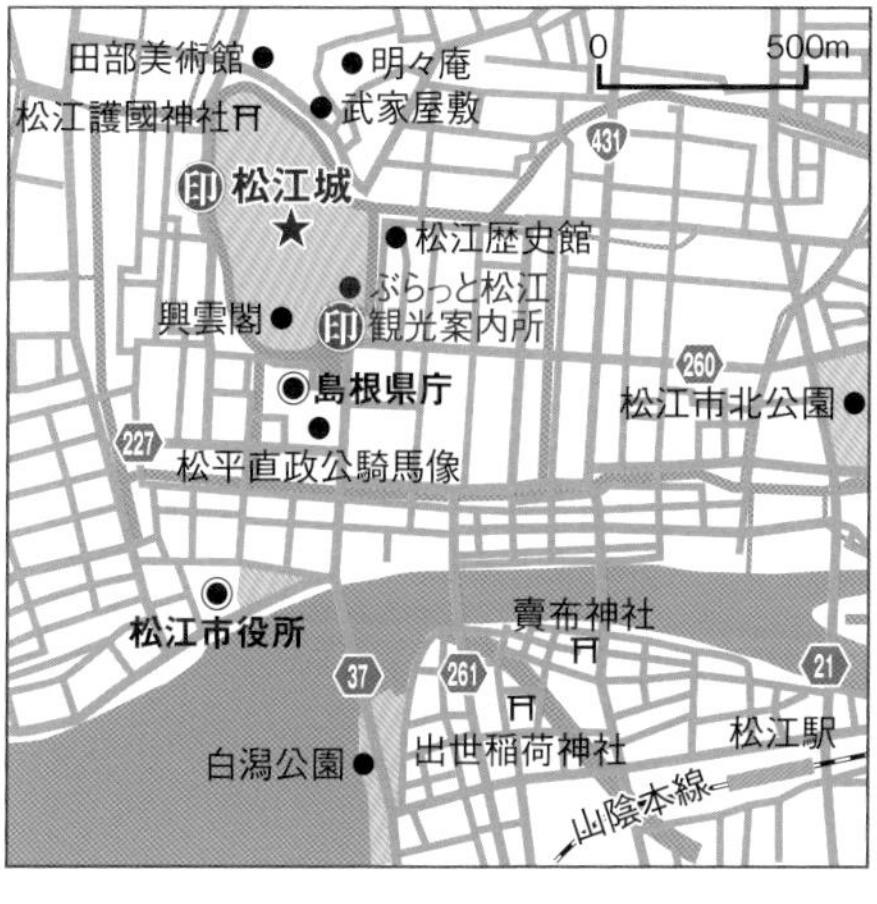

城郭DATA

築城年	慶長12年（1607）
別名	千鳥城
所在地	島根県松江市殿町1-5
営業時間	4月1日～9月30日 8:30～18:30（受付18:00まで）、10月1日～3月31日 8:30～17:00（受付16:30まで）
アクセス	JR松江駅からバス乗車10分「国宝松江城大手前」下車すぐ
定休日	なし
駐車場	あり（有料）
入場料	大人680円

岡山県岡山市

日本100名城／国指定史跡

歴代城主の家紋が並ぶ 岡山城《おかやまじょう》

❶和紙風の淡黄紙に三色刷されている。

❷中央には築城の後ろ盾となった豊臣秀吉から使用を許された秀吉の家紋「五七桐（ごしちのきり）」。

❸岡山城ゆかりの城主の家紋を配列。右上が築城時の宇喜多秀家の家紋「剣片喰（けんかたばみ）」。左上が同じく宇喜多家の旗印「兒」の文字。左下が2代目城主小早川秀秋の家紋「違い鎌（ちがいがま）」。右下が3代目以降の池田家の家紋「輪蝶紋（りんちょうもん）」。

御城印DATA

販売場所	岡山城天守地下1階 金烏城商店
販売料金	300円（税込）

金箔が彩る烏城《うじょう》

宇喜多直家《うきたなおいえ》が金光《かねみつ》氏の小城を大増改築して居城にし、その子の秀家《ひでいえ》が引き継いだ。豊臣秀吉《とよとみひでよし》に身内並みに厚遇されて大大名となった秀家は、8年の歳月を費やして新たに居城を築き、高石垣《たかいしがき》の本丸の不等辺五角形の天守台には金箔瓦《きんぱくがわら》を葺《ふ》いた六階の天守を建てた。天守の完成は慶長2年（1597）といわれる。

西向きの城構えのため、城の東背後を流れるように改修した旭川を、天然の外堀に活用している。この時代の特徴は、天守の壁に黒塗りの下見板を取付ける方式だ。

秀家はこの城を戦の施設としてだけでなく、領国内の商人や職人を集めて治世の府とし、城下町の整備を行っている。

その後、関ヶ原の合戦で敗軍の将となった秀家は、流配先の八丈島で余生を過ごした。

秀家に代わって城主となった小早川秀《こばやかわひで》秋《あき》は、西側の外堀の外側に城域を拡張し、新たに外堀を設け、その外に寺町を配置。外堀の掘削は20日間で完了したために、「二十日堀」と呼ばれた。

秀秋が夭折した後は、幕藩体制の下で岡山藩の城府となり、池田家を藩主として明治維新にいたる。

17世紀末には藩政が安定期に入り、旭川を隔てて北側に広大な庭園の「後楽園《こうらくえん》」が造られた。歴代城主の下で岡山の町並みの発展を見続け、近代都市の礎となったのである。

昭和20年の空襲で焼失した天守は、昭和41年に鉄筋コンクリート造で再建され、城主の間も復元されている。望楼型の天守に塩蔵と呼ばれる櫓が付属している複合式天守。秀家が建てた天守は外壁の下見板張が黒塗だったことから烏城と称され、また、金箔瓦を用いていたので金烏城とも呼ばれる。

全域は32棟の城門で守られていたが、明治維新後の廃城で石山門1棟を残すだけとなった。また、天守・塩蔵・月見櫓《つきみやぐら》・西手《にして》櫓《やぐら》・石山門の5棟が残るも、空襲で天守・塩蔵・石山門が焼失。本丸跡に建っている不明門と廊下門は、天守と同時の再建である。二代目藩主の池田忠雄《いけだただお》が増築した月見櫓や、二の丸の西側の防備のために初代藩主を代行した池田利隆《いけだとしたか》が江戸時代初頭に設けた西の丸西手櫓は重要文化財に指定されている。

天守から一望できる、広大な岡山後楽園。岡山藩の城府となった後、藩政が安定期に入った17世紀末、旭川を隔てて北側に藩主が憩と趣を楽しむ庭として造られた。

城郭DATA

築城年	大永年間(1521～28)、元亀元年(1570)、慶長2年(1597)
別名	烏城、金烏城
所在地	岡山県岡山市北区丸の内2-3-1
営業時間	9:00～17:30(入場は17:00まで)
アクセス	JR岡山駅前から路面電車「東山行」で「城下」下車、徒歩10分
定休日	12月29日～31日
駐車場	あり(烏城公園駐車場・有料)
入場料	大人400円、小中学生100円

御城印

岡山県津山市

日本100名城／国指定史跡

津山城《つやまじょう》

森家のみと松平家の家紋入りの2種類ある

❶津山城の御城印は2種類あり、こちらは森家の家紋「鶴丸」のみのバージョン。

❷日本三大平山城の一つとして有名なことから、御城印にも記載されている。

御城印DATA

販売場所	津山城（鶴山公園）備中櫓内受付カウンター
販売料金	300円（税込）

西日本有数の桜の名所

本能寺の変で討死した森蘭丸《もりらんまる》の弟忠政《ただまさ》が、慶長9年（1604）から元和《げんな》2年（1616）の13年の歳月を要して築いた平山城《ひらやまじろ》。城主は森氏（4代）、松平《まつだいら》氏（9代）と続き明治維新《めいじいしん》を迎えている。

その後、明治4年（1871）に廃藩置県、同6年には廃城令を受け、翌年には天守、屋敷、櫓《やぐら》、門など建物はすべて取り壊

バリエーション

森家・松平家の家紋入りの御城印

津山城の御城印は2種類から選べる。森家の「鶴丸」に加え、のちに封入した松平家の家紋「三つ葉葵」の入ったバージョンもある。

津山城は県内でも1、2を争う桜の名所。春には多くの花見客で賑わう。

され、地上から45mに及ぶ立派な石垣のみが残った。

城跡は一度荒れ放題となるも、明治33年（1900）には鶴山《かくざん》公園として再出発。昭和38年（1963）には国指定重要文化財（史跡）に指定されている。現在は建物の遺構こそないものの、その雄大さはきわだっている。

天守台は穴蔵《あなぐら》を持ち、地下一階地上五階の初期層塔型の天守が建っていた。本丸北方の守りを固める粟積櫓《あわつみやぐら》は、大戸櫓《だいとやぐら》と並んで建てられていた。本丸、二の丸、三の丸を雛壇状に配した「一二三段《ひふみだん》」と呼ばれる高石垣の重なりが見事。

石垣は折が多く、城門は枡形《ますがた》で防御が固い造りになっている。当時は本丸だけで大小の櫓31棟、門15棟が連なっていたといい、大手道で、三の丸から本丸までの直線距離約150mを進むのに、5つの門を通らなければならないほど。戦塵が漂う時期の築城のため、実戦的な縄張《なわばり》になっている。

2005年に築城400周年を記念して天守の南東側の備中櫓《びっちゅうやぐら》が復元された。二の丸四脚門を見下ろす本丸南側に建てられた巨大な櫓で、平成17年春から一般公開され、石垣とともに新たな人気スポットとなっている。

さらに城跡は「さくら名所百選」にも選ばれている。西日本有数の桜の名所で、津山のシンボル的な場所となっている。約1000本の桜が咲き誇る景観は見事だ。

城郭DATA

築城年	慶長9年（1604）
別名	鶴山城
所在地	岡山県津山市山下135
営業時間	4月～9月 8:40～19:00、10月～3月 8:40～17:00
アクセス	JR津山駅　徒歩15分
定休日	12月29日～31日
駐車場	有（無料、さくらまつりの期間は有料）
入場料	大人310円

御城印

広島県山県郡

小倉山城《おぐらやまじょう》

木版画で一枚ずつ刷られる独特のデザイン

❶吉川氏の家紋である「丸に三つ引両紋」をあしらったデザイン。

❷木版画で制作されているため、独特の素朴な字体が特徴的。

御城印DATA

販売場所	道の駅舞ロードIC千代田内観光案内所、戦国の庭歴史館、北広島町図書館、O.M.S大朝モビリティステーション
販売料金	500円(税込)

安芸吉川氏の100年間の本拠

15～16世紀前半にかけて吉川《きっかわ》氏が本拠とした城。南北朝時代末期に吉川経見《つねはる》が石見《いわみ》国の駿河丸から新庄に移るときに築城された。それから天文《てんぶん》14年（1545）に興経《おきつね》が日山《ひのやま》城に移るまで100年以上にわたり、鬼吉川と呼ばれた安芸吉川氏の拠点として栄えた。また後の毛利元就《もうりもとなり》の妻でもある吉川国経《くにつね》の娘、おかた（妙玖）の生まれた場所でもある。

享徳《きょうとく》元年（1452）に経見の子・経信《つねのぶ》が城の塀や矢倉《やぐら》を構築するよう西禅寺に命じており、城の整備が続けられていたことがわかる。

標高460mの小倉山の三方に延びる尾根を利用し、山頂が中心部となっている。本丸郭《ほんまるくるわ》群と二の丸郭群、三の丸郭群は堀切《ほりきり》で区切られ、それぞれが独立しているが、複数の登城路で結ばれていた。発掘調査された本丸郭群では、堀切や土塁《どるい》、切岸《きりぎし》などの防御施設、建物跡や門跡、塀跡、鍛冶炉、登城路などが見つかっている。

切岸を削って面積を広げられた本丸郭群の各郭は、建物を建替えるなどして何度も改修されていたようだ。本丸跡地の最高所には柱を直接土の中に埋め込んだ建物跡がある。中心となる郭に位置し、城内で最も高い場所にあるため、見張所として使われていた可能性がある。

また、周囲を塀で囲まれた礎石建物や門からは、鍋や火鉢などの生活用品、奢侈品《しゃしひん》である青磁器《せいじき》台などが出土しており、居住施設があったと思われる。ほかにも城内から見つかった鍛冶炉や1500点を超える鉄釘の出土から、鍛冶作業も行われていたとわかる。多くの郭が北に向かって派生しているのは、石見国と新庄とを結ぶ麓《ふもと》の交通路を抑えるためだったと考えられる。現在は歴史公園として公開されている。

本丸上空からの様子。小倉山城は新庄盆地の北側に位置する山城だった。

吉川氏が小倉山城の次に本拠とした「日山城」の御城印。吉川氏の家紋「丸に三引両紋」と吉川氏ゆかりの要素がデザインされている。500円（税込）

台紙の紙は手すき和紙「石州勝地半紙」を使用し、木版画の手刷りで1枚1枚製作している。

城郭DATA

築城年	15世紀頃
別名	ー
所在地	広島県山県郡北広島町新庄
営業時間	ー
アクセス	浜田自動車道「大朝IC」から約5分
定休日	ー
駐車場	あり（無料）
入場料	無料

御城印

広島県安芸高田市

日本100名城／国指定史跡

郡山城《こおりやまじょう》

縄張り図が同封される博物館限定御城印

❶毛利氏の家紋「一文字三ツ星」。毛利家の祖である一品親王を表したとする説やオリオン座の中心に輝く将軍星を表したとする説などがある。

❷安芸高田市歴史民俗博物館は郡山城の山麓にあり、ガイダンス機能を併せ持つ博物館。毛利氏の歴史を詳しく学べ、グッズも買える必見スポット。

御城印DATA

販売場所	安芸高田市歴史民俗博物館
販売料金	300円(税込)

百万一心が息づく毛利の居城

築城の時期は不明だが、15世紀後半には代々毛利《もうり》氏の居城となる。初期は「本城」と呼ばれた東南の尾根上を城の中心としていたが、16世紀中頃の毛利元就《もとなり》の代に大改修、郡山全体を要塞とした。元就44歳のとき、郡山城合戦が勃発した。

バリエーション　安芸高田市内の3つの御城印

上記以外にも元就が青年期を過ごした多治比猿掛城(国史跡)、重臣福原氏の鈴尾城(県史跡)、国人領主宍戸氏の五龍城(県史跡)を博物館限定で販売。※いずれも縄張り図付き300円(税込)

当時中国地方は、周防《すおう》の大内義隆《おおうちよしたか》と出雲《いずも》の尼子晴久《あまごはるひさ》の二大勢力が拮抗。地方の国人領主に過ぎなかった元就は大内側に属していた。9月に尼子晴久率いる3万の大軍に攻められ、本城の元就軍は村民たちまでもが共に戦い、城下に迫った尼子の補給路を遮断するなど、ゲリラ戦で大善戦した。12月には大内軍の陶晴賢《すえはるかた》率いる1万の軍の救援を得て、翌年1月に晴久の陣を急襲。見事撃退に成功した。

後年の城の拡張工事の際、元就は人柱に替えて「百万一心」と彫った巨石を埋めたという伝説がある。〝皆で団結すれば何事もなし得る〟という意味で、毛利家の精神「共同一致」をこの戦いで体現したことになる。輝元時代には広島《ひろしま》城へ本拠が移り、関ヶ原の合戦後の国替えにより廃城となった。

元就による拡張後の中心地である本丸跡。城主の屋敷があったと思われており、北端の山頂部には櫓台が残っている。

吉田盆地を見渡す可《え》愛《の》川と多治比《たじひ》川の合流点の北側に築かれた、東西1・1km、南北0・9kmにも及ぶ戦国期最大級の山城。山上部（城）と山麓部（里）で構成され、山上部は標高390m、比高190mの山頂の本丸を中心として、放射状に300ヶ所以上の郭が築かれていた。現在でも、広大な城跡がそのまま保存されている。「嶝《かさ》」と呼ばれた本丸、二の丸、三の丸などの中心部には元就や輝元《てるもと》が住み、中心部を取り囲む各尾根上の勢溜《せだまり》の壇などには家臣居住区とも思われる郭《くるわ》群がある。中心部には輝元時代に改修された石垣跡が多数残る。また山麓部分には城内外を区画する内堀が巡っていた。「三矢の訓」など毛利ゆかりの碑もある。

元亀2年（1571）に元就が75歳で生涯を閉じた翌年、菩提寺洞春寺が建立され、境内に墓が建てられた。下段には一族の墓が並ぶ。

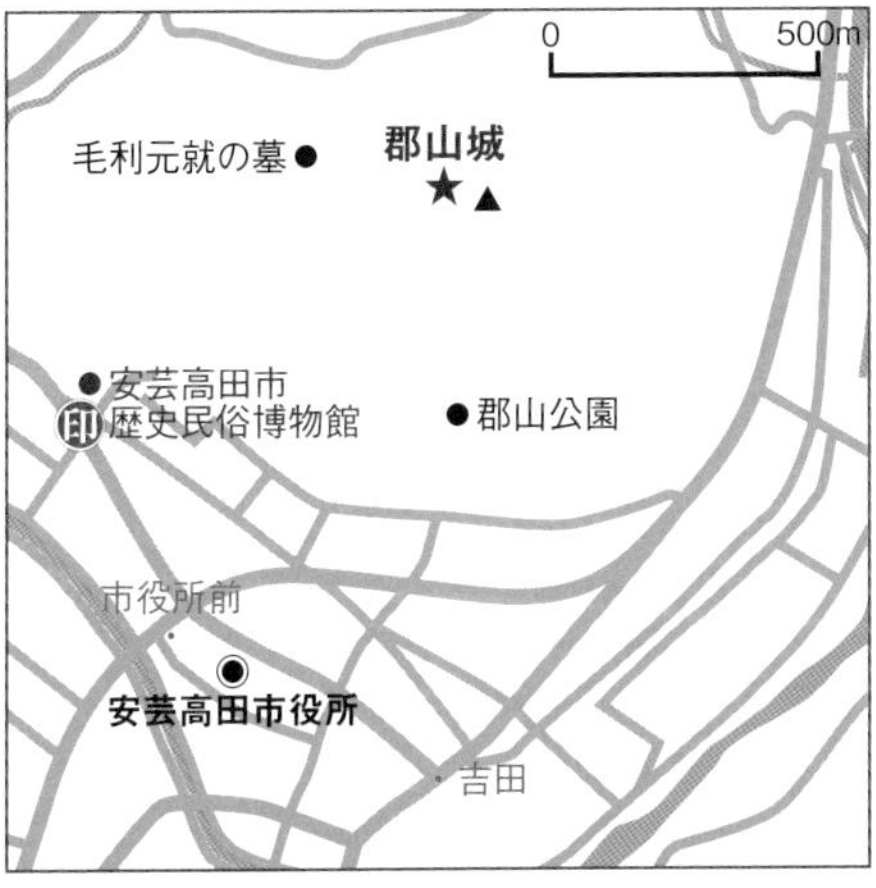

城郭DATA

築城年	不明（15世紀前半まで）
別名	ー
所在地	広島県安芸高田市吉田町吉田
営業時間	ー（照明等の設備がないため夜は危険）
アクセス	広島バスセンターから吉田出張所行きで「安芸高田市役所」下車徒歩15分
定休日	火曜日（歴史民俗博物館）
駐車場	あり（無料）
入場料	無料

御城印

広島県福山市

日本100名城／重要文化財

福山城《ふくやまじょう》

水野家と阿部家の家紋が配された御城印

❶朱印は左上が水野家の家紋「丸に抱き沢瀉」、右下が阿部家の家紋「丸に違い虫喰い鷹ノ羽」。

❷城名の部分は金箔押しの加工がされている。

御城印DATA

販売場所	福山城博物館ミュージアムショップ（要入館料）
販売料金	300円（税込）

西国鎮護の拠点として築かれた城

元和《げんな》5年（1619）、徳川家康のいとこであった水野勝成《みずのかつなり》が西国鎮護の拠点として、備後《びんご》10万石の領主として入封《にゅうほう》し、新たに築城した城。元和8年（1622）に完成した、江戸時代に建築された中でも名城としてたたえられている。

天守をはじめとして、月見櫓《つきみやぐら》、鐘《かね》櫓、鏡《かがみ》櫓など様々な建造物がある。中でも伏見《ふしみ》櫓は築城の際に、京都伏見城の松の丸東櫓であった遺構を徳川秀忠《とくがわひでただ》から拝領し、移築したもの。1954年の解体修理の際に、二階の梁より京都伏見城からの移築を表す「松ノ丸ノ東やぐら」という刻印が発見されている。また、筋鉄御門《すじがねごもん》も伏見城から移築したものといわれている。どちらも戦災を免れており、現在、国重要文化財に指定されている。

以来、歴代の藩主は、水野《みずの》家5代、松平《まつだいら》家1代、阿部《あべ》家10代と続き、廃藩置県にいたるまで福山城が藩政の中心であった。

明治6年（1873）に廃城となり、多くの城の建物が取り壊され、さらに昭和20

天守は昭和41年（1966）に復元。現在は福山城博物館として運営されている。

年（１９４５）８月の空襲で、国宝に指定されていた天守と御湯殿《おゆどの》も焼失してしまった。

その後、昭和41年（１９６６）の秋に市制50周年事業として天守と御湯殿、月見櫓が復元されている。

天守は、現在は福山市の歴史を伝える博物館として藩主の書画・甲冑などを展示している。五重六階の層塔型天守に、二重三階の付櫓《つけやぐら》が付属した複合式天守である。

最上階は展望台で、市街地を一望できる。また、水野家と親交のあった宮本《みやもと》武蔵《むさし》が訪れた際に腰掛けたといわれる、腰掛石が福山城の北側にある備後護国神社内にある。

バリエーション

水色箔押しなど種類が豊富

右の「水色箔押し」（300円税込）をはじめ、切り絵の御城印や季節限定版など、様々な御城印が販売されている。

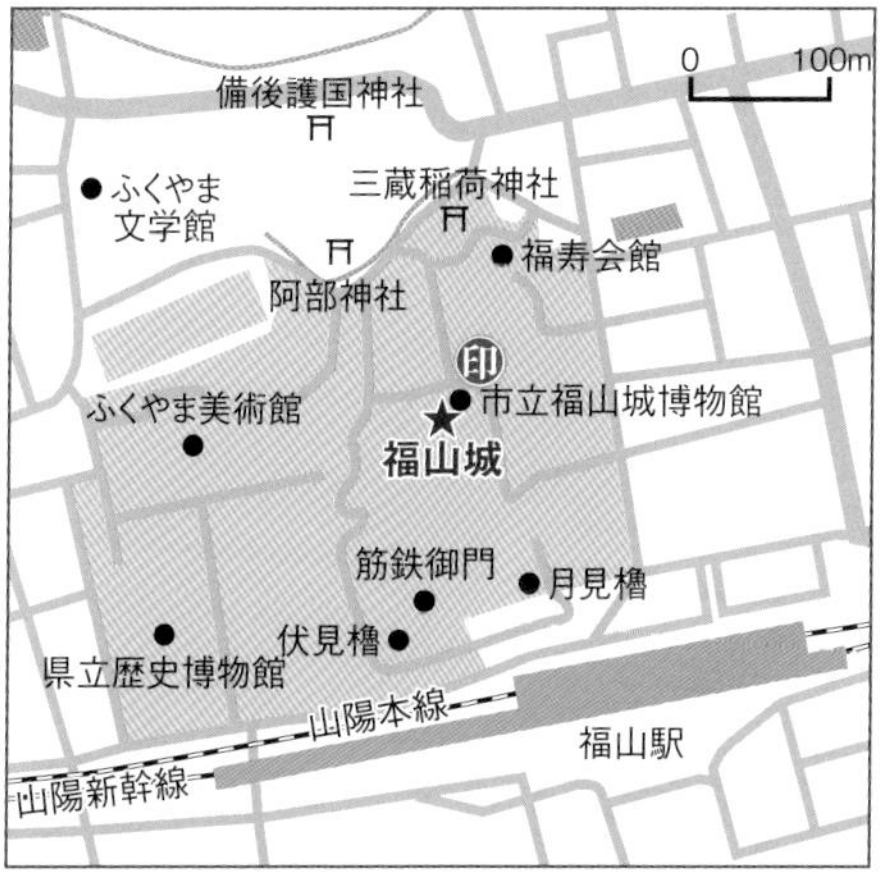

城郭DATA

築城年	元和8年（1622）
別名	鉄覆山朱雀院久松城（てつおうざんすざくいんひさまつじょう）
所在地	広島県福山市丸之内1-8
営業時間	9:00〜17:00（最終入館は16:30まで）
定休日	月曜日休館（ただし、祝日の場合はその翌日）
アクセス	JR福山駅から徒歩5分
駐車場	あり（ふくやま文学館またはふくやま美術館に駐車のみ1時間無料）
入場料	500円（高校生以下無料）

御城印

❶上から小早川氏の家紋「左三つ巴」、福島氏の家紋「福島沢瀉」、浅野氏の家紋「餅の内に杵」の朱印が押されている。

広島県三原市

続日本100名城／国指定史跡

歴代城主の家紋が押されている

三原城《みはらじょう》

御城印DATA

販売場所	うきしろロビー観光案内所
販売料金	300円（税込）

毛利水軍の拠点となった海城

毛利元就《もうりもとなり》の三男で、次兄の吉川元春《きっかわもとはる》とともに毛利両川《もうりりょうせん》と称され、毛利氏の中枢を担った小早川隆景《こばやかわたかかげ》。

その隆景が永禄《えいろく》10年（1567）、三原の沼田《ぬた》川河口にある大島と小島をつないだ埋め立て地に築いた。天正《てんしょう》5年（1577）には織田信長《おだのぶなが》の中国攻めを受けて、毛利輝元《もうりてるもと》が本陣を置く。

その後、隆景は筑前《ちくぜん》へ移るが、文禄《ぶんろく》4年（1595）に養子秀秋《ひであき》に家督を譲ると、三原に戻り城と城下町を整備した。

時代をかけて造り上げられた城で、本丸と二之丸を中心に、東側に三之丸、東西に出丸に相当する築出《つきだし》を配置。曲輪《くるわ》は海水を利用した水堀で囲まれ、船入《ふないり》を設置。典型的な海城《うみじろ》であった。満潮時にはあたかも海に浮かんだように見えたので浮城《うきしろ》とも呼ばれていた。

海城は、高松《たかまつ》城、今治《いまばり》城など瀬戸内海《せとないかい》にいくつか存在しており、この中でも関ヶ原の合戦以前に建てられているこの城は、最も古い海城である。石垣で海から直接建てたのは日本最初の例である。

豊臣秀吉《とよとみひでよし》や徳川家康《とくがわいえやす》もこの地に泊まり、その素晴らしい配置に感嘆したといわれる。

1894年には三原城本丸跡地に山陽鉄道の駅舎が建てられた。山陽本線と新幹線が本丸を貫き、今は天主台跡とそれをめぐる濠と船入櫓跡・中門跡などが残るのみになっている。

特に、船入櫓跡は今も残る城跡の中で、最も海城としての特徴がわかる貴重な石垣。元々存在した岩礁が石積みの一部として取り込まれている。

山陽本線と新幹線が貫いている三原城本丸跡地。現存しているのは、駅に隣接している天主台跡のほかに、中門跡、石垣跡、刎跡、船入櫓跡、船入櫓岩礁など。

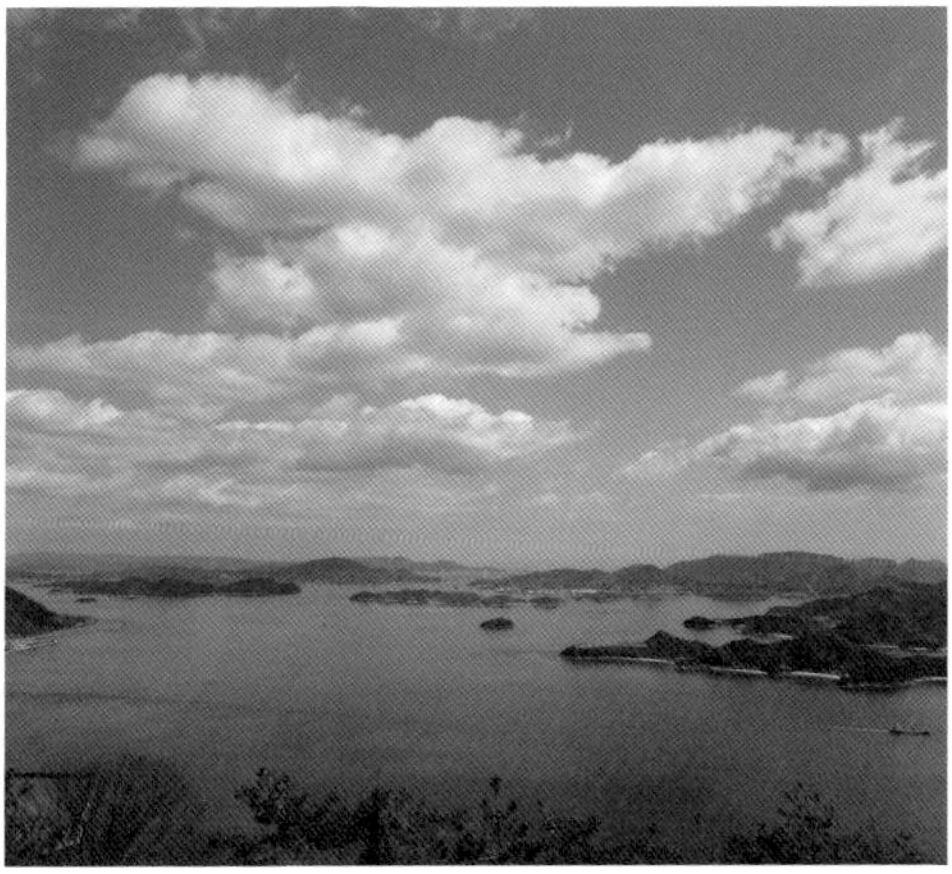

瀬戸内海沿岸寄りにある竜王山からは、晴れた日には四国山地が遠望でき、しまなみ海道10橋のうち7橋が一望できる。

バリエーション

赤色の紙に金箔押し加工の限定版

赤い色で繊維を漉き込んだ大礼紙「瑞穂」を使用し、「三原城」の文字は豪華な金色の箔押し加工を施している（税込500円 ※数量限定につき無くなり次第終了）。

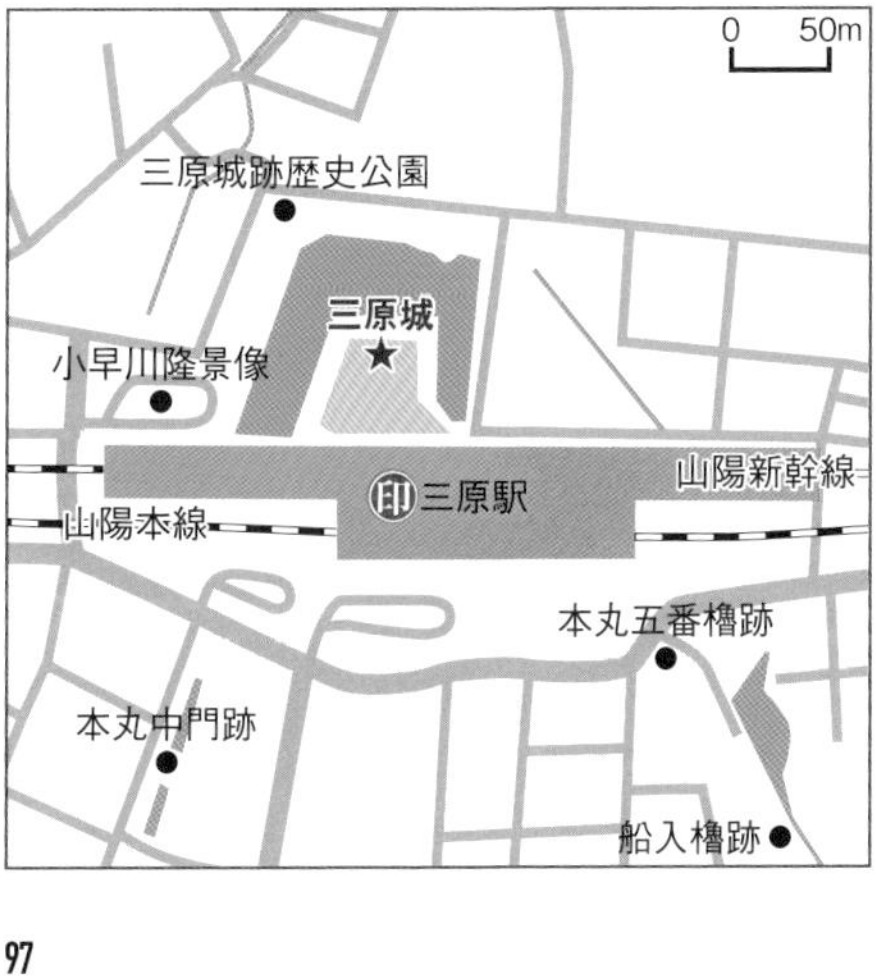

城郭DATA

築城年	永禄10年（1567）
別名	浮城、玉壺城など
所在地	広島県三原市城町
営業時間	6:30〜22:00
アクセス	JR三原駅よりすぐ
定休日	―
駐車場	なし
入場料	無料

御城印

❶中央に京極氏の家紋「平四(ひらよ)つ目結(めゆい)」が配されている。

❷城名の揮毫の他、「重要文化財」「石垣の名城」「天守入場記念」の文字が記載されている。

香川県丸亀市

日本100名城／重要文化財

丸亀城《まるがめじょう》

〝石垣の名城〟の文字と京極氏の家紋

御城印DATA

販売場所	丸亀城天守受付口
販売料金	300円(税込)

歴代三氏によって築かれた高石垣

高石垣《たかいしがき》と小さな天守で有名な丸亀城は、生駒《いこま》氏、山崎《やまざき》氏、京極《きょうごく》氏の三氏によって築き続けられたものである。

丸亀市の中心市街地は、慶長《けいちょう》2年（１５９７）、生駒親正《ちかまさ》・一正《かずまさ》による亀山への築城に始まる。

このころの城造りは、織田信長《おだのぶなが》の築いた安土《あづち》城や豊臣秀吉《とよとみひでよし》が築いた大坂城を手本に、城郭だけでなく武家屋敷や城下町までも濠や土を盛った土塁《どるい》で囲み防御した「総構《そうがまえ》」となっている。生駒氏は慶長6年（１６０１）に宇多津より人を移住させ、現在の御供所町、北平山町、西平山町を築いた。

元和《げんな》元年（１６１５）、大坂夏の陣により豊臣氏が滅びて、徳川《とくがわ》氏の天下となった折、徳川幕府は武家諸法度《ぶけしょはっと》を制定し規制を行う。同年の一国一城令により生駒氏は、高松《たかまつ》城を残し、丸亀城を廃城した。

その後、寛永《かんえい》18年（１６４１）に西讃岐5万石余の領主となった富岡《とみおか》城主山崎家治《やまざきいえはる》が、2年後に当年の参勤交代を猶予され、幕府から銀３００貫を得て、丸亀城を再築。現存する絵図によれば、生駒氏の時代、天

高石垣上にそびえる天守は、三層三階で高さは約15m。江戸時代から残っている天守では最も小さい。「石の城」と形容され、その名のとおり、平地から本丸まで四段の高石垣は、全体の高さを合わせると約60mあり、誰もが圧倒される高さ。

守は山上の最高所中央部に建っており、「縄《なわ》張《ばり》」と呼ばれる城の形も現在とは異なっていた。さらに、武家屋敷や城下町の記載はない。

しかし、正保2年（1645）に作成された山崎氏の絵図（正保城絵図）には、城郭・武家屋敷・城下町の記載があり、山上の縄張は現在の形とほぼ一致。扇の勾配の高石垣も、山崎氏の手によるものである。

古町と書かれた箇所があり、生駒氏時代からある町で、今の御供所町、北平山町、西平山町、本町、南条町、塩飽町・城西町二丁目・中府町五丁目の一部がこれに当たる。また、大手町を除く番丁の武家屋敷地は当時の道路や区画が今も残っている。

一の門と同時に建てられた、高麗門(こうらいもん)形式の二の門。丸亀城の顔にふさわしく、石垣に使用されている石は大きく、ノミの跡も美しく仕上げられている。

城郭DATA

築城年	慶長2年（1597）、寛永20年（1643）
別名	亀山城、蓬莱城
所在地	香川県丸亀市一番丁
営業時間	9:00～16:30（入城は16:00まで）
アクセス	JR丸亀駅から徒歩10分
定休日	年中無休
駐車場	丸亀城内資料館南側、約50台（無料）
入場料	200円（令和6年4月より400円）

御城印

愛媛県松山市

日本100名城／国指定史跡

湯築城《ゆづきじょう》

河野氏の家紋をモチーフにした御城印

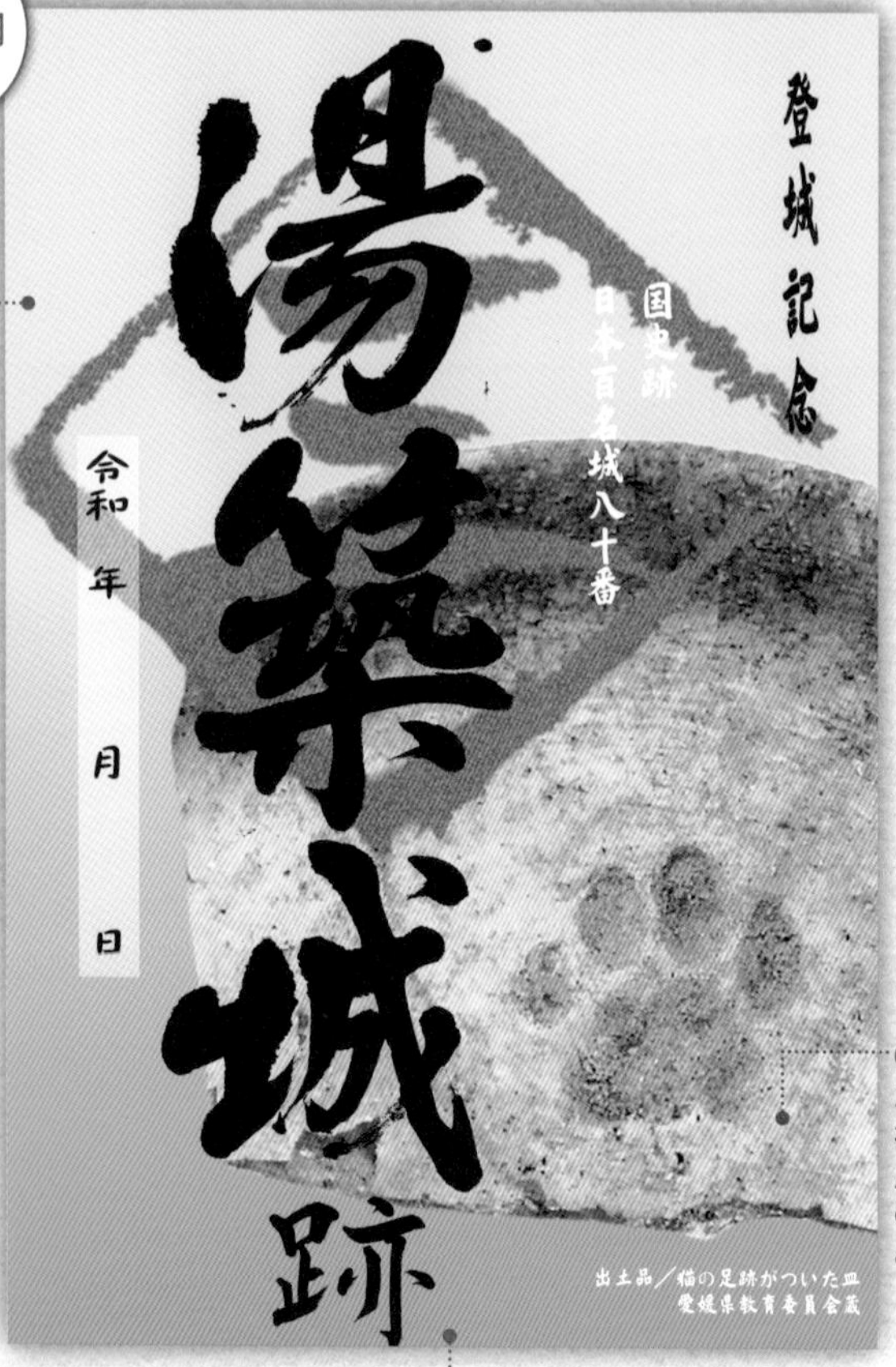

❶応仁・文明の乱に上洛した河野氏が使用した家紋「折敷に三文字」をモチーフにしたデザイン。

❷揮毫は松山市の書家、清水雲光氏の直筆の写し。

❸猫の足跡がついた素焼きの皿。発掘調査で約19万点出土した素焼きの土器のうち1点のみ確認されたもの。

御城印DATA

販売場所	資料館内売店
販売料金	300円（税込）

グッズ・お土産

河野氏の家紋が入った湯築城の木札（税込200円）。

250年にわたる河野氏の居城

12世紀末～16世紀末、伊予国《いよのくに》を支配していた河野《こうの》氏が14世紀前半以降、約250年間にわたって居城としていた城。伊予国の政治・軍事・文化の中心を担った。16紀前半、河野通直《みちなお》が丘陵のみだった湯築城を整備して湯付堀《ゆづきぼり》（外堀）を造り、堅固な戦国期拠点城郭へと転換させた。

その頃、娘婿の村上海賊衆（来島通康《くるしまみちやす》）との関係も強化していたが、後に離反し一族の力は徐々に衰えた。最後は天下統一を目指す豊臣秀吉《とよとみひでよし》の四国攻めによって当主通直（牛福）は小早川隆景《こばやかわたかかげ》に城を明け渡し、河野氏による400年の伊予支配に終止符が打たれた。

江戸期には伊予松山藩の管理下に置かれ、

現在、発掘調査によって武家屋敷や土塀、道路、排水溝などが立体復元され、公開されている。かつての武士の生活を垣間見ることができる。

明治期以降は県立の都市公園や植物園などとして、昭和の時代に入ると動物園としても利用された。

中世の城郭のため、近世の城郭の特徴である石垣や天守が無く、築城当初は比高31ｍの丘陵部を利用した山城《やまじろ》であった。その約２００年後、丘陵部の周囲に外堀が築かれ、二重の堀と土塁《どるい》を巡らせた平山城《ひらやまじろ》になったと見られる。

現存する内堀は幅約12ｍ、深さ約２・５ｍ、外堀側の土塁は幅約20ｍ、高さ約５ｍ。その外堀と内堀の間に河野氏の屋敷や河野氏直属の武士の屋敷があったと考えられている。居住区は庭園付きの広い区域と、細かい空間に仕切られた区域とに分けられていたようだ。

城の縄張《なわばり》がほぼ完全に残り、城郭発達史から見ても貴重な中世の主要な守護大名の拠点城郭で、時代や地域を代表する特色を持つ。さらに地域の伝統技法や工法を使った復元が評価され、平成14年には国指定史跡となり、日本１００名城、日本の歴史公園１００選にも選定された。

道後公園の西口。湯築城の搦手口にあたるが、外堀の土塁が残っている。道後温泉まで徒歩5分。

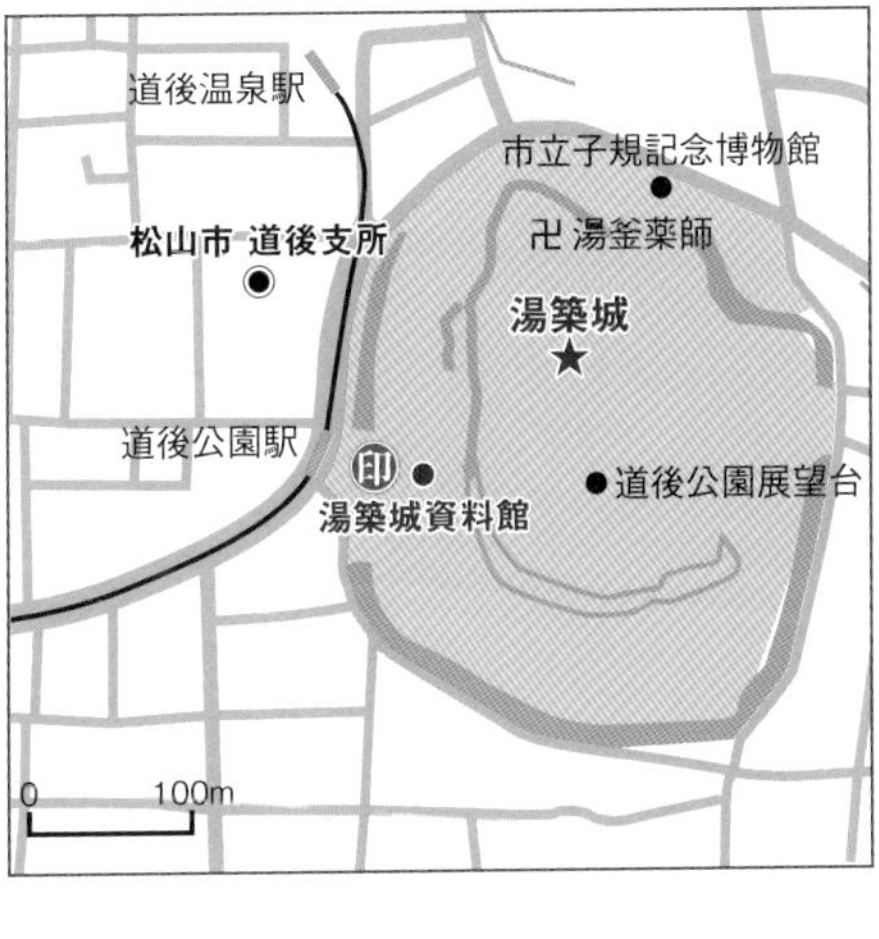

城郭DATA

築城年	不明
別名	湯月城
所在地	愛媛県松山市道後公園
営業時間	9:00～17:00(湯築城資料館)
アクセス	伊予鉄道市内電車「道後公園駅」から徒歩1分
定休日	月曜日休館（祝日の場合は翌平日）、年末年始12/29～1/3（当面は臨時開館予定）
駐車場	あり（西口・北口コインパーキング100円／30分）
入場料	無料

御城印

愛媛県宇和島市

重要文化財

宇和島城《うわじまじょう》

伊達家の家紋があしらわれた登城記念印状

❶宇和島伊達家の家紋「竹ニ雀紋」をあしらっている。

❷宇和島城では「登城記念印状」として販売されている。

御城印DATA

販売場所	天守窓口
販売料金	300円(税込)

敵を惑わす藤堂高虎の傑作

宇和島城を近世城郭にしたのは、7万石で入封《にゅうほう》した築城の名手・藤堂高虎《とうどうたかとら》。リアス海岸地帯の最深部で大半が宇和島湾に面していたなど自然の地形を利用し、石垣《いしがき》で厳重に防備された堅城だった。

高虎が今治《いまばり》に転封《てんぽう》になると、元和《げんな》元年（1615）に仙台藩主、伊達政宗《だてまさむね》の長子秀宗《ひでむね》が入城。寛文《かんぶん》6年（1666）には2代宗利《むねとし》が現存12天守の一つである天守に改修。望楼型天守を三重三階白漆喰総塗籠《しろしっくいそうぬりごめ》の層塔型天守に改めた。高虎時代の城構えを踏襲しつつ、石垣や櫓《やぐら》も修築されている。戦乱の世も終わりを告げ、軍事的なものから権威の象徴へと変わっていった天守は、装飾性の高い外観をしている。

縄張《なわばり》は築城史上極めて珍しい不等辺五角形。敵には四角形と思わせて四方から攻めさせ、死角となる残りの一方から攻めかかるもので、今でも宇和島の街を歩くと方向感覚が狂うといわれる。これこそ高虎の狙いで、初期の傑作といわれる理由の一つ。

国重要文化財の天守は、小ぶりながら独特な外観が特徴。入口にある唐破風《からはふ》の玄関

には宇和島伊達家の3種類の家紋（竹ニ雀紋、九曜紋、竪三引両紋）が見られ、一重に比翼千鳥破風、二重に千鳥破風、三重に軒唐《のきから》破風《はふ》と変化に飛んだ装飾がなされている。破風の下には蕪懸魚《かぶらげぎょ》が施されるなど、御殿建築の意匠が随所に見られ、太平の世を表す華麗で格式高い造りである。

高さは土台から15.8mと小規模ながら、意匠を凝らした美しさは随一の天守。

現存する上り立ち門や移築建造物の山里倉庫や藩老桑折《こおり》氏武家長屋門、本丸を囲む高石垣や三の丸から井戸丸への上り道の石垣も見逃せない。現在、堀は全て埋められ、三の丸を含む総郭部分約28万㎡は失われるも、昭和12年に本丸・二の丸等の曲輪《くるわ》がある約10万㎡の城山は国史跡となり、約450種もの草木と石垣とが幽玄の美を織りなしている。

上り立ち門は城の南側の搦手口にあり、武家の正門とされる薬医門形式。現存する薬医門としては最大級で、最古の可能性も高い。市指定文化財。

城郭DATA

築城年	慶長元年（1596）
別名	鶴島城
所在地	愛媛県宇和島市丸之内
営業時間	城門6:00～17:00（11～2月）、6:00～18:30（3～10月）、天守9:00～16:00（11～2月）、9:00～17:00（3～10月）
アクセス	JR宇和島駅から徒歩15分で登城口。登城口より天守まで20分。
定休日	無休
駐車場	あり（100円／時間）
入場料	200円（天守）

御城印

❷上の押印は、今治城を築いた藤堂家の家紋「藤堂蔦」。下は藤堂家の跡を継いだ久松松平家の家紋「星梅鉢紋」。

❶「伊豫　今治城」の字体は、国立国会図書館デジタルコレクション「［日本古城絵図］南海道之部(2).295 伊予今治城」の表記を基に作成されている。

愛媛県今治市

日本100名城／県指定史跡

今治城《いまばりじょう》

藤堂家と久松松平家の家紋が押印されている

御城印DATA

販売場所	天守1階観覧券売り場
販売料金	300円（税込）

藤堂高虎が築いた日本第一の海岸平城

関ヶ原の合戦後、城造りの名手といわれた戦国武将、藤堂高虎《とうどうたかとら》が伊予《いよ》国20万石を受け、居城として慶長《けいちょう》7年（1602）頃から築城をはじめたのが今治城である。

天守周辺は鉄御門《くろがねごもん》や御金櫓《おかねやぐら》、山里《やまざと》櫓、武具櫓などの櫓が点在し、周辺の建物を含めると完成まで約6年の月日がかかったといわれている。

港近くに築かれた平城《ひらじろ》で、「吹揚《ふきあげ》城」とも呼ばれる。城を囲む堀に海水を引き入れた構造は全国的にも珍しく、舟入《ふないり》には軍船が出入りできた。

瀬戸内の海に浮かぶ城を連想される造りは、築城当時から日本屈指の港町としての機能があったことがうかがえる。香川県の高松《たかまつ》城、大分県の中津《なかつ》城と合わせて、日本三大水城に選ばれている。

中心部の本丸、二の丸と海側には高石垣《たかいしがき》を築くも、陸側は土塁《どるい》で防御するだけで、今治城は来島海峡の監視基地として機能していた。本丸に建てられた五重の天守は、破風《はふ》をもたない日本初の層塔型《そうとうがた》。この天守は高虎が転封《てんぽう》の際に解体され、その後、徳《とく》川《がわ》家康《いえやす》に献上されて丹波《たんば》亀山《かめやま》城の天守となったともいわれている。

そのため長く「幻の天守」と言われてきたが、昭和55年（１９８０）に復興再建された。

二の丸広場から見た藤堂高虎像と天守。現在の天守は模擬天守で、本丸北隅櫓跡に再建されたもの。

天守は一～六階まであり、内部は博物館になっている。最上階の六階からは来島《くるしま》海峡大橋や今治市街地、しまなみの島々や西日本最高峰「石鎚山《いしづちさん》」などを３６０度眺望できる。

そして、平成19年（２００７）9月、鉄御門再建により往時の威容をおおむね取り戻すこととなった。城内には約60本のソメイヨシノが植えられて、桜の名所としても人気。

今治城本丸広場には藤堂高虎の像が立てられ、城主の堂々たる威厳が感じられる。

復元された鉄御門。二の丸の表門で、巨大な枡形や付随する多聞櫓によって厳重に守られていた。

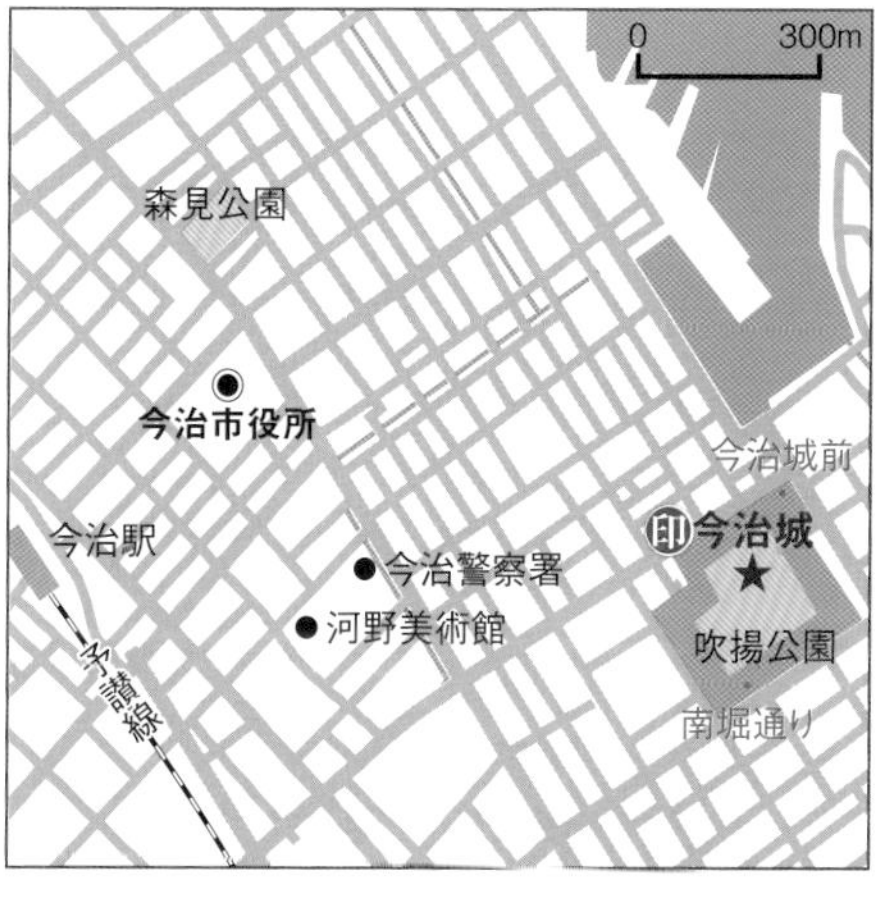

城郭DATA

築城年	慶長7年（1602）
別名	吹揚城
所在地	愛媛県今治市通町3-1-3
営業時間	9:00～17:00
アクセス	JR今治駅からせとうちバス「今治営業所行き」約9分「今治城前」下車
定休日	12月29日～31日（その他展示替など、運営上必要なとき）
駐車場	あり（有料）
入場料	一般520円

御城印

愛媛県松山市

日本100名城／重要文化財

松山城《まつやまじょう》

歴代城主の家紋が並ぶ登城記念符

❶歴代城主の家紋が並ぶ。右上:加藤家「蛇の目」、左上:蒲生家「左三つ巴」、右下:松平家「三つ葉葵」、左下:久松家「星梅鉢」。

❷松山城では登城記念符と呼ばれている。

御城印DATA

販売場所	天守切符売場
販売料金	300円(税込)

日本で最後の完全な城郭建築

松山市の中心部、勝山《かつやま》（標高１３２ｍ）にそびえ立つ平山城《ひらやまじろ》。賤ヶ岳《しずがたけ》の合戦で有名な七本槍の1人、西国大名の加藤嘉明《かとうよしあき》が築城を開始した。しかし完成直前に会津《あいづ》藩へ転封《てんぽう》となり、次に城主となった蒲生忠知《がもうただとも》が二之丸などを完成させるも、跡継ぎがいなかったため在藩7年で断絶。

寛永《かんえい》12年（１６３５）に松平定行《まつだいらさだゆき》が城主となり、それ以降、明治維新までの２３５年間に渡り松山は四国の親藩としての役目も担った。この間、天守は寛永19年（１６４２）に五重から三重に改修され、天明《てんめい》4年（１７８４）元旦に落雷で焼失。安政《あんせい》元年（１８５４）年に再建落成された。

特徴の一つは、日本で最後の完全な城郭建築（桃山文化様式）であることで、層塔型天守の完成した構造形式を示している。武家諸法度《ぶけしょはっと》によって新たな天守の築城や増改築が禁止されたため、江戸時代を通じて作事（建築）技術は衰えていったと考えられている。そのため、天災などで失った天守の再建を断念した城郭もあった。

しかし、幕末に落成した松山城の天守は

天守は三重三階地下一階の層塔型天守で、黒船来航の翌年に落成した、江戸時代最後の完全な城郭建築。小天守は大手（正面）の二之丸・三之丸方面を監視防衛する重要な位置にある。

見る方向によって意匠が異なる複雑かつ厳重な連立式の構成となっており、本壇《ほんだん》の石垣部分の普請《ふしん》（土木）技術を含め、完全な桃山文化様式の技法といえる。「現存12天守」のうちの一つにも数えられ、そのうち松山《まつやま》城と彦根《ひこね》城しか存在が確認されていない、韓国の倭城の防備手法「登り石垣」が二之丸から本丸にかけて存在している。

また、日本で唯一現存している望楼型二重櫓である野原櫓なども貴重。門・櫓・塀を多数備え、狭間《さま》や石落とし、高石垣《たかいしがき》などを巧みに配し、攻守の機能に優れた連立式天守を構えた平山城と言われている。

天守の全高は、本壇から20m（しゃちほこの高さを入れると21・3m）。本壇は本丸から8・3mの高さがあり、本丸の標高は約132mのため、天守の標高は約161mあることになり、「現存12天守」の平山城の中では最も高い。

一ノ門は天守に通じる本壇入口を守る門。木割も大きく豪放な構えとなっている。形式は上方からの攻撃が容易な高麗門で、二ノ門との間は枡形という方形空間となっている。

城郭DATA

築城年	慶長7年（1602）
別名	金亀城、勝山城
所在地	愛媛県松山市丸之内1
営業時間	9:00～16:30（季節変動あり）
アクセス	伊予鉄道「大街道駅」電停 徒歩5分でロープウェイのりば
定休日	12月第3水曜日
駐車場	有（有料）
入場料	520円

御城印

愛媛県大洲市

日本100名城／重要文化財

大洲城《おおずじょう》

伝統ある大洲和紙を使用した御城印

❷紙には江戸時代から大洲藩の産業として発展した伝統ある大洲和紙を使用している。

❶朱印は、江戸時代に使っていた大洲藩加藤家の家紋「蛇の目紋」（上）と「上り藤」（下）をもとに作られたもの。

御城印DATA

販売場所	大洲城
販売料金	500円（税込）

多くの武将が主となり整備された近世城郭

伊予国《いよのくに》守護の宇都宮豊房《うつのみやとよふさ》の頃に創建されたといわれ、戦国末期の永禄《えいろく》11年（1568）までの237年の間、宇都宮氏の居城であった。もともとは港を意味する「津」という言葉を用いて、大津城と称していた。

永禄11年（1568）、宇都宮氏は河野・

バリエーション

加藤貞泰公の武将印

伊予大洲城主　加藤家初代　加藤貞泰公の武将印。500円（税込）

復元された天守は四層四階。江戸時代の遺構である台所櫓、高欄櫓と連結されている。

毛利連合軍に敗れ、大洲城は大野直昌《おおのなおしげ》が預かることになった。

その後、天正《てんしょう》13年（1585）に、羽柴《はしば》秀吉《ひでよし》が四国を平定すると、小早川隆景《こばやかわたかかげ》が伊予35万石を与えられ湯築《ゆづき》城を居城に、大洲城を枝城とした。隆景が九州に転封《てんぽう》になると、天正15年（1587）、戸田勝隆《とだかつたか》が宇《う》和《わ》・喜多《きた》郡16万石を封ぜられ、大洲を主城にした。

文禄《ぶんろく》3年（1594）に、勝隆が朝鮮で病死すると、翌年、藤堂高虎《とうどうたかとら》が城主なった。高虎によって、近世城郭に改修されたといわれている。

慶長《けいちょう》14年（1609）には、脇坂安治《わきざかやすはる》が喜多・浮穴・風早を与えられて大洲城を居城とした。天守は慶長年間（1596～1614）頃、藤堂高虎と脇坂安治の時代に建てられたといわれている。

また脇坂は、給人所法度や庄屋体制を確立し、大洲藩での近世的封建制度を整えたと考えられている。

元和《げんな》3年（1617）に脇坂が信濃飯田《しなのいいだ》城主となると、加藤貞泰《かとうさだやす》が6万石で大津城に入城。

以来、加藤氏の治世が版籍奉還《はんせきほうかん》まで続いた。天守は明治21年（1888）まで残っていたが、取り壊されてしまう。

大洲城の主な遺構は、台所櫓《だいどころやぐら》、高欄《こうらん》櫓、苧綿《おわた》櫓、三の丸南隅《みなみすみ》櫓などで、それぞれ重要文化財に指定されている。

現在見られる天守は平成16年（2004）に、明治期の古写真や、天守雛形と呼ばれる江戸期の木組模型などの史料をもとに木造で復元されたもの。

右側の高欄櫓は大洲城の中で唯一、二階に縁と高欄のある櫓で、城内が一望できる。

城郭DATA

築城年	慶長年間頃
別名	比志城、大津城
所在地	愛媛県大洲市大洲903
営業時間	9:00～17:00（札止16:30）
アクセス	JR予讃線伊予大洲駅から徒歩約30分、車で約5分
定休日	なし
駐車場	あり（大洲市民会館駐車場:1時間まで160円、観光第一駐車場:無料）
入場料	大人550円

御城印

高知県高知市

日本100名城／重要文化財

高知城《こうちじょう》

山内家の家紋があしらわれた登城記念符

❶紙は土佐和紙を使用している。高知城では「登城記念符」と呼ばれ頒布されている。

❷山内家の家紋「三つ柏紋」の印と、高知城のシルエット、別称である「鷹城」の文字があしらわれている。

御城印DATA

販売場所	高知城入り口
販売料金	200円（税込）

江戸時代の姿を今に伝える南海の名城

日本で唯一、本丸の建築群がすべて現存する城郭。土佐24万石を襲封した山内一豊《やまうちかつとよ》によって創建されて以来、約400年余りの歴史を有する「南海の名城」として名高い。

この場所には元々、南北朝時代に築かれた大高坂城《おおたかさ》があった。戦国時代、長宗我部元親《ちょうそかべもとちか》が岡豊城《おこう》から移り、築城に取り組んでいた。しかし、治水に難儀したため、わずか3年で浦戸城《うらど》へ本拠を移すことになる。

その後、関ヶ原の合戦の功績で、遠州掛川から入国した一豊がこの地を城地と定め、慶長《けいちょう》6年（1601）秋から築城をはじめた。

一豊は築城家として名高い百々安行《どどやすゆき》を総奉行に任命し、近隣諸村から多くの石材や木材を取り寄せて建設を進めたが、工事は難航。城のほぼ全容が完成したのは10年後の慶長16年、2代目藩主忠義《ただよし》の治政に移った後のことだった。

山頂に本丸《ほんまる》、少し下がった北側に二の丸、

東側の一段下に三の丸を配する。本丸と二の丸を分断する堀切《ほりきり》部分には詰門が置かれ、南側の廊下門と一体となっている。また、高知城の石垣は、近江の技術者集団・穴太《あのう》衆《しゅう》によるもの。

本丸には天守に接続する「懐徳館」と呼ばれる本丸御殿がある。山内家ゆかりの品や歴史資料などを展示し、国の重要文化財に指定されている。

その後、享保《きょうほう》12年（1727）の大火で一部の建物を残して焼失してしまう。ただちに復旧にあたるも、財政難もあって、天守を復興するには20年もの歳月を要する。寛延《かんえん》2年（1749）、三層六階の望楼《ぼうろう》型天守として再建された。

　その後、明治維新を迎えて廃城となり、本丸と追手門《おおてもん》を除くすべての建物が取り壊され、公園となって今に至る。

城の大手（正面）にふさわしい堂々とした構えの追手門。石垣の上に渡櫓を載せた櫓門。門前は桝形で、石垣上の狭間塀や門上から攻撃できるようになっている。

城郭DATA

築城年	慶長6年（1601）
別名	鷹城
所在地	高知県高知市丸ノ内一丁目2番1号
営業時間	9:00～17:00（最終入館16:30まで） ※GWやよさこい祭期間中などは開館時間を延長することがある。
アクセス	JR高知駅からバス約10分「高知城前」下車。
定休日	12月26日～1月1日
駐車場	あり（有料）
入場料	420円

御城印

福岡県北九州市

続日本100名城

小倉城《こくらじょう》

通常版2種に加え特別版が豊富

❶通常版2種のうち、登城記念バージョン。

❷小倉城天守閣再建時に小倉城書芸委員会初代会長篠原紫流氏が書いた看板デザイン。

❸中央の印は細川家の家紋「九曜紋」。

御城印DATA

販売場所	しろテラス（「登城記念」バージョン）
販売料金	500円（税込）

交通の要衝にある唐造りの名城

戦国末期の永禄《えいろく》12年（1569）、安《あ》芸《き》の毛利《もうり》氏が現在の地に築城。大友《おおとも》氏家臣の高橋鑑種《たかはしあきたね》を経て、豊臣秀吉《とよとみひでよし》の家臣・毛利（森）勝信《かつのぶ》が入城し、織豊《しょくほう》系城郭《じょうかく》へと改修した。江戸時代初期には関ヶ原の合戦の功労で細川忠興《ほそかわただおき》が入国。慶長《けいちょう》7年（1602）から約7年の歳月をかけてさらに大改修し、現在の姿となる。同時に、建設した城下町を繁栄させるため、諸国の商人や職人を集め商工業保護政策を実施。外国貿易も盛んとなり、祇園《ぎおん》祭りも誕生させた。

その後は将軍・徳川家光《とくがわいえみつ》から九州諸大名監視の特命を受けた譜代大名の小笠原忠真《おがさわらただざね》が入国。九州各地に通ずる街道の起点として重要な地位を確立し、小倉城は一層充実したが、天保《てんぽう》8年（1837）、城内から発火し全焼。2年後には天守を除いて再建された。

幕末期になり、長州藩を攻める第一線基地となった小倉は熊本藩とともに果敢に戦ったが、慶応《けいおう》2年（1866）には小倉城に自ら火を放って戦線を後退。西南《せいなん》戦争の際にも活用され、太平洋戦争後は米国に接収されたが、昭和32年（1957）に解除。2年後には市民の熱望によって天守が再建された。

梯郭式《ていかく》の縄張《なわばり》は、小倉湾へ注ぐ紫川河口付近の自然地形を生かしており、本丸は二重三重の水堀に囲まれていた。

天守は「唐造りの天守」と呼ばれ、四階と五階の間に屋根のひさしがなく、五階が四階より大きいのが特徴。外堀は海岸線を含んだ約8㎞にわたり、日本屈指の規模であった。また、城の石垣は中世に多く用いられた野面積《のづらづみ》で、主に当地の足立山系から運び出した自然石を使用。素朴ながらも豪快な風情にあふれ、乱世を知る忠興の自慢の一つであったといわれている。

昭和34年（1959）に再建された天守。小倉の町のシンボルになっている。

バリエーション

イベントごとに限定バージョンを販売

右から、小倉城天守閣へ御登城された方のみがお求めいただける三階菱の印が押印されたデザイン、小倉城へお越しいただいた方どなたでもお求めいただけるデザイン、秋限定デザイン。他にも期間限定で雨の日デザインや二刀流デザインもある。

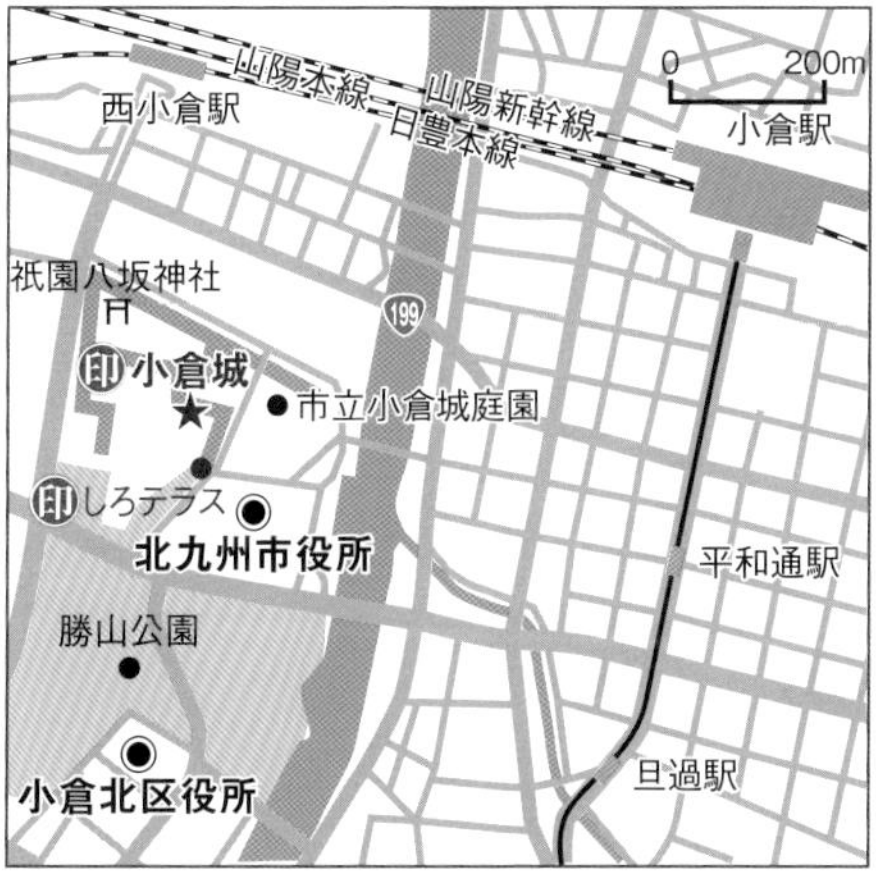

城郭DATA

築城年	永禄12年（1569）、慶長7年（1602）
別名	勝山城、湧金城
所在地	福岡県北九州市小倉北区城内2-1
営業時間	9:00〜20:00（4月〜10月）、9:00〜19:00（11月〜3月）※入館は終了の30分前まで
アクセス	JR「小倉駅」から徒歩約15分
定休日	なし
駐車場	あり（有料）
入場料	350円

御城印

佐賀県佐賀市

日本100名城／重要文化財

佐賀城《さがじょう》

佐賀藩主鍋島家の家紋「杏葉紋」が押されている

❶揮毫は佐賀出身の書家江島史織氏によるもの。

❷佐賀藩主鍋島家の家紋「杏葉紋（ぎょうようもん）」。杏葉紋は武具や馬具の金具にルーツをもつ仮想の植物紋。中世には武家の名門、豊後の大友氏が家紋とした。藩祖鍋島直茂が大友軍を打ち破った今山の合戦ののち、戦勝吉例の家紋として使用したことから、江戸時代には佐賀藩主鍋島家の家紋として有名になった。

❸佐賀城で販売している御城印は「城郭符」と呼ばれている。

御城印DATA

販売場所	佐賀県立佐賀城本丸歴史館内受付
販売料金	300円（税込）

鍋島氏が拡張整備したお城

戦国大名龍造寺《りゅうぞうじ》氏の居城村中《むらなか》城を、重臣鍋島直茂《なべしまなおしげ》・勝茂《かつしげ》親子が天正《てんしょう》年間（１５７３～１５９２）に拡張整備した。

そして、慶長《けいちょう》13年（１６０８）に佐賀城総普請がはじまり、慶長16年（１６１１）に完成。鍋島勝茂が本丸に入った。四囲を堀で囲んだ典型的な平城《ひらじろ》で、本丸、二の丸、三の丸、西の丸のほか、四重五階の天守《てんしゅ》も建てられた。しかし、その後のたび重なる火災で、天守はじめ本丸御殿《ほんまるごてん》も焼失した。

平成16年（２００４）に本丸御殿を構成する御式台《おんしきだい》、御料理間《おりょうりのま》、外御書院《そとごしょいん》など一部が復元されている。

10代藩主鍋島直正《なおまさ》が再建した天保期の御殿を復元しており、佐賀城本丸歴史館として公開されている。

天保《てんぽう》9年（１８３８）に建立された本丸の門である鯱《しゃち》の門が現存しており、入母屋《いりもや》造《づくり》、二重二階の櫓門《やぐらもん》で続《つづき》櫓が付いている。屋根に青銅の鯱が載っている。門扉には佐賀の乱で放たれた弾痕が残る。昭和32年（１９５７）に国の重要文化財に指定されている。

平成16年（2004）に復元された本丸御殿。

天守台は高さ9m、南北31m、東西27mの巨大なもので、この上に四重五階の天守が建てられていた。

現在は、佐賀城公園として、お濠で囲まれた県民の憩いの公園となっている。敷地内には佐賀城本丸歴史館をはじめ、県立博物館・美術館、県立図書館等の文化施設がある。

鯱の門（国重要文化財）。天保9年（1838）当時の姿を残しており、佐賀の乱の銃弾跡も残っている。

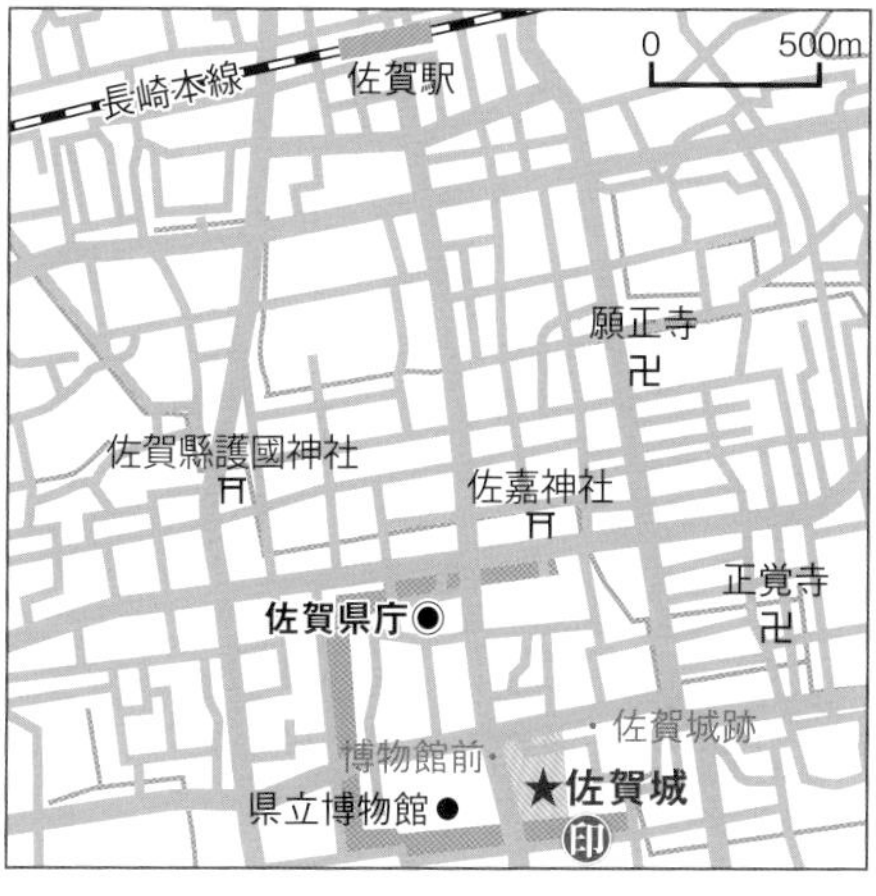

城郭DATA

築城年	慶長13年（1608）
別名	栄城、沈み城、亀甲城
所在地	佐賀県佐賀市城内2-18-1
営業時間	9:30～18:00（佐賀城本丸歴史館）
アクセス	JR佐賀駅より市営バス「博物館前」下車徒歩1分
定休日	休館日12/29～1/1
駐車場	あり（無料119台）
入場料	無料

御城印

佐賀県唐津市

日本100名城／国指定特別史跡

発掘調査で出土した瓦の拓本を朱印にした

名護屋城《なごやじょう》

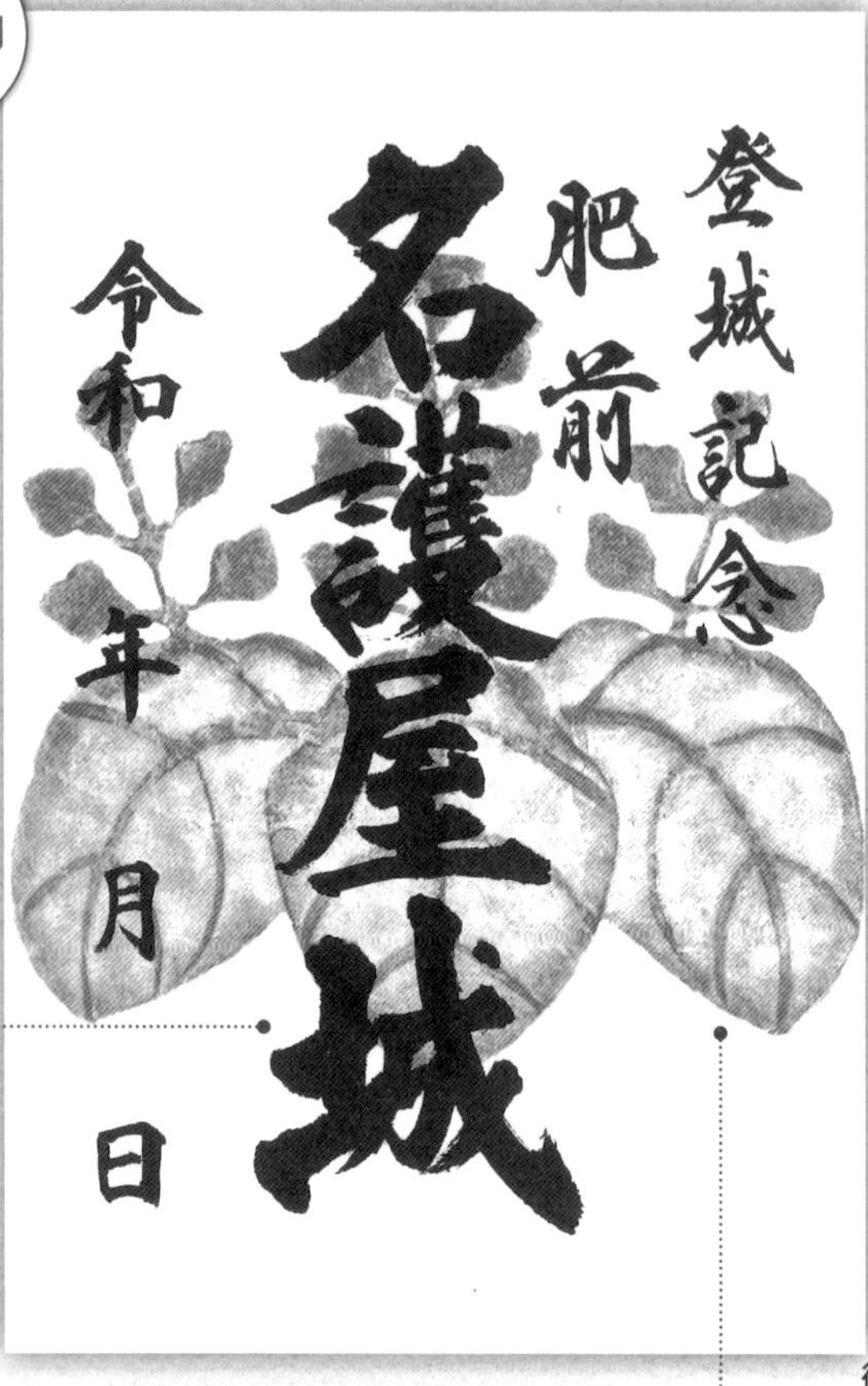

❶中央の豊臣家の家紋「桐紋」は、名護屋城跡遊撃丸の発掘調査で出土した五七桐文飾瓦の拓本。

❷揮毫は、織田独灯氏によるもの。

御城印DATA

販売場所	佐賀県立名護屋城博物館
販売料金	300円（税込）

諸大名の陣所に囲まれた、大海に臨む巨城

九州の西北、朝鮮半島への最短距離にある松浦半島の突端に築かれた広大な陣城《じんじろ》。豊臣秀吉《とよとみひでよし》が朝鮮出兵の足がかりとして築いた一大要塞であった。

設計は黒田官兵衛《くろだかんべえ》（如水《じょすい》）、普請奉行《ふしんぶぎょう》には加藤清正《かとうきよまさ》や小西行長《こにしゆきなが》、黒田長政《くろだながまさ》と、築城には当代の名人が顔を揃え、一日に2～3万人の人夫が動員された。工事は天正19年（1591）に始まり約半年後には完成させたといわれる。その壮大な規模は、周囲約1・5㎞、城域は17万㎡に及んだ。

本丸は標高約80ｍの丘の頂上で、二の丸、三の丸、山里丸などを備えていた。金箔瓦《きんぱくがわら》を使った五重の天守も築かれた。城の北側の上山里丸には、秀吉の茶室跡も見つかっている。

周囲には150ヵ所以上もの全国の諸大名の陣が築かれ、商家（町家）が建ち並ぶ城下町が形成され、絢爛たる桃山文化が花開いた。全盛期には20万もの兵が駐屯し、日本の中心地ともなった。ある将が書き記したところによると「野も山も空いたとこ

名護屋城跡の大手口。破却された当時のまま保存されている。

ろがない」ほどの賑わいだったという。

名護屋入りした秀吉は、天正20年（1592）から文禄2年（1593）までの間に、延べ1年在陣し、後方から約16万人の遠征軍を指揮した。

秀吉没後、遠征軍帰国に伴って廃城となった。用材は唐津《からつ》城などの普請に転用されたともいわれるが、石垣はそのまま残っていた。ところが江戸時代になり島原の乱の時、廃城となっていた原《はら》城（長崎県南島原市）が一揆勢に使われたことを教訓として、幕府によって意図的に壊されている。

現在は整備されていて、高石垣で築かれた曲輪や、諸大名の陣跡にも当時の風情が残る。

天守台は発掘調査後、盛り土をした上に模擬石（実物もあり）を使って、穴蔵を整備している。

城郭DATA

築城年	天正20年（1592）
別名	ー
所在地	佐賀県唐津市鎮西町名護屋1938ー3
営業時間	9:00〜17:00
アクセス	JR西唐津駅からバスで約40分。「名護屋城博物館入口」下車、徒歩約5分
定休日	年中無休 （名護屋城跡観光案内所は年末年始はお休み） ※博物館は月曜休館（祝日の場合はその翌日）、12月29日〜1月3日
駐車場	あり（無料61台）
入場料	歴史遺産維持協力金100円

御城印

佐賀県唐津市

続日本100名城

唐津城《からつじょう》

歴代城主の家紋が並ぶ御朱印符

❷「唐津城」の文字等は、二の丸があった場所にある早稲田佐賀中学校・高等学校の書道部が揮毫している。

❶唐津城歴代城主の家紋（初代寺沢氏「陣幕」、二代大久保氏「大久保藤」、三代松平氏「蔦（つた）」、四代土井氏「水車」、五代水野氏「沢瀉（おもだか）」、六代小笠原氏「三階菱」）をあしらい、下には「唐津城天守閣之印」が押印されている。

御城印DATA

販売場所	天守閣1階売店
販売料金	200円（税込）

松浦川の河口に築かれた平山城

豊臣秀吉《とよとみひでよし》の家臣で、関ヶ原の合戦の戦功で加増された寺沢広高《てらさわひろたか》が、その12万3000石にふさわしい規模の居城とするべく慶長《けいちょう》7年（1602）から約7年の歳月をかけて完成させた。築城には、九州諸大名の加勢を受けて、名護屋城の解体資材を用いたともいわれている。

広高は当時からこの地に植林を続け、約100万本の黒松の群生が潮風を防ぐはたらきをし、後に豊かな農地をもたらすこととなった。これは虹の松原と呼ばれ、東西に伸びる様子が両翼を広げた鶴のように見えることから、別名「舞鶴《まいづる》城」とも呼ばれている。

2代堅高《かたたか》は、後に島原《しまばら》・天草一揆《あまくさいっき》の責任を問われて減封され、死去すると寺沢氏は断絶してしまう。その後は城主として、大久保、松平、土井、水野、小笠原と、幕末までに5家18代の譜代《ふだい》大名が入った。

形式は、松浦《まつうら》川の河口に半島状に突き出した満島《まんとう》山に築かれた平山城《ひらやまじろ》である。唐津湾に突き出た城姿は浮城《うきじろ》の呼び名にふさわしく、海に浮かんでいるように見える。

先端に本丸を置き、一段下に二の曲輪、山麓に腰曲輪《こしぐるわ》を巡らせている。その西側には二の丸、三の丸を配している。腰曲輪は高石垣《たかいしがき》で固め、本丸を防御していた。

唐津城築城当初、天守はなかったが、文化観光施設として昭和41年（1966）に建てられた。中は郷土博物館になっており、唐津藩の資料や唐津焼などが展示され、唐津の歴史に触れることができる。現在、石垣修復工事を行っていて、令和5年12月末に工事完成予定。

唐津城は唐津市のシンボルとして市民に親しまれている。桜・藤の名所でもある。

展望所からは松浦潟の全景が一望できる。また、虹の松原や松浦川、城下町唐津の風景を見ることができる。

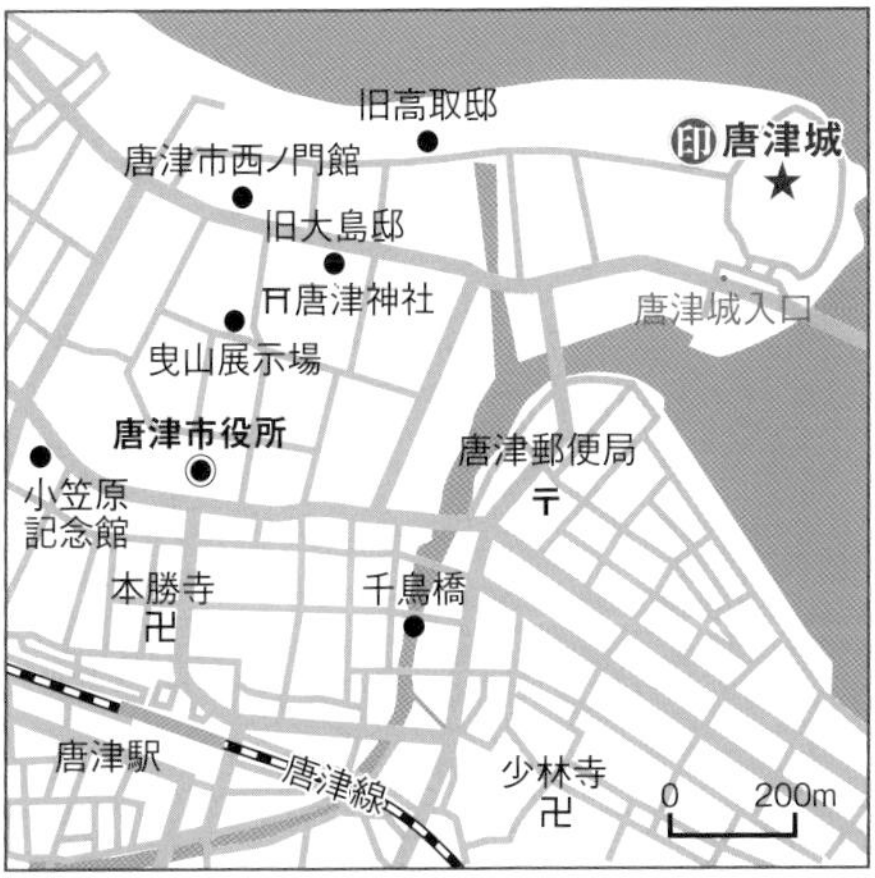

城郭DATA

築城年	慶長13年（1608）
別名	舞鶴城
所在地	佐賀県唐津市東城内8番1号
営業時間	9:00～17:00（最終入館16:40）
アクセス	JR唐津線「唐津駅」より徒歩20分
定休日	12月29日～31日
駐車場	あり（有料）
入場料	500円

御城印

長崎県対馬市

続日本100名城／国指定特別史跡

金田城《かねだじょう》

金田城を守った防人がモチーフの御城印

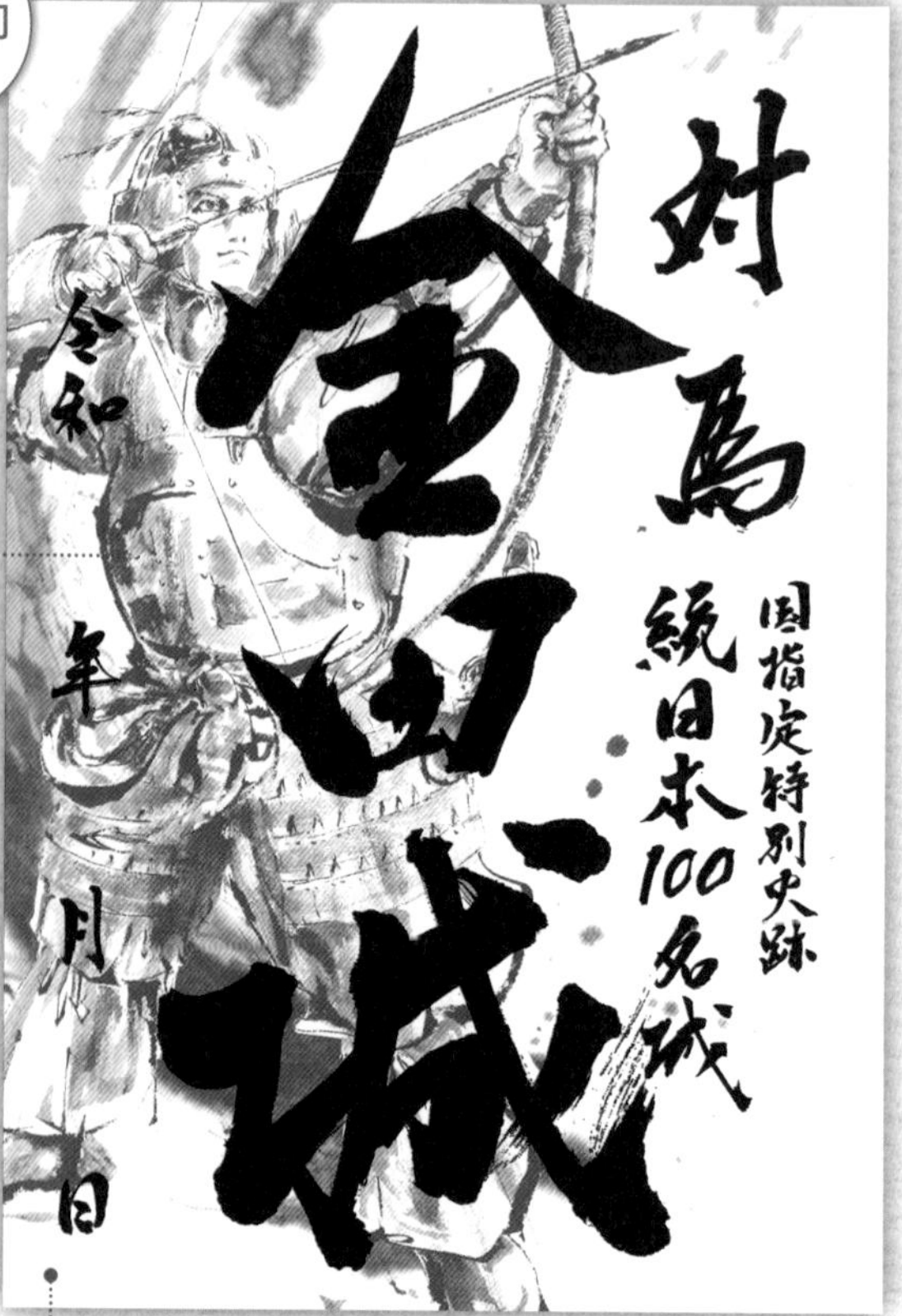

❶金田城は中大兄皇子（天智天皇）の命で築かれ、防人（さきもり）が守った古代山城であるため、防人がモチーフになっている。

❷令和4年度（令和4年12月）に制作し、お城EXPO（パシフィコ横浜:12/17-18）でアンケート回答者に配布（非売）した新御城印。令和5年度からは「ふれあい処つしま」、およびお城イベント（大阪お城フェス、特別版お城EXPOin姫路など）で販売開始。「ふれあい処つしま」で販売する場合は、日付は空欄で、「登城記念」の角印あり。

御城印DATA

販売場所	観光情報館 ふれあい処つしま （休日12月29日～1月3日）
販売料金	300円（税込）

国防の最前線となった対馬の城

天智《てんじ》天皇2年（663）、倭（国）は白村《はくそん》江《こう》の戦いにおいて唐・新羅連合軍に大敗した。日本側の当事者は中大兄皇子《なかのおおえのおうじ》（のちの天智天皇）で、大化《たいか》の改新《かいしん》と呼ばれる政治改革を進めていたが、一方で外国からの侵略に備え、西日本各地に次々と古代山城を築き、国土防衛構想を段階的に進めていた。翌年に水城《みずき》、翌々年に基肄《きい》城と大野《おおの》城、長門に城ができ、大宰府《だざいふ》防衛ラインが固められる。天智天皇6年（667）には金田《かねだ》城、高安《たかやす》城、屋嶋《やしま》城が築かれた。さらに対《つし》馬《ま》、壱岐《いき》、筑紫《ちくし》に烽火《とぶひ》と国境守備兵・防人《さきもり》を配置した。

朝鮮半島にもっとも近い国境の島・対馬は、国土防衛の最前線であった。667年に築かれたこの城は、湾に突き出した石英斑岩の岩塊・標高約276mの城山を城地とし、下対馬の北端部、浅茅湾《あそうわん》の複雑な海岸線を利用しているため三方が入江に囲まれていた。城壁は、総延長約2・2km、最大高さ約6・7mに達する石塁で築かれ、当時の国際的緊張を遺構の規模からも感じることができる。おもに関東から徴兵された防人たちの、家族や故郷を想う心情は万葉集の「防人の歌」として今に伝えられている。

明治期には山頂付近に城山砲台が建造されて再整備され、陸軍砲兵部隊が国境防衛の任にあたった。その間、およそ1200年もの年月が経過していたが、城山は変わらずに軍事的重要性のある土地だったのである。現在も28㎝榴弾砲の砲座や井戸などが残っており、そこから急傾斜の山道を5分ほど登ると山頂からの大パノラマが広がっている。国境の海を一望できる光景は、防人たちも目にしたものであろう。絶景を楽しむためにはそれなりの体力と時間が必要だが、春にはゲンカイツツジ、秋にはダンギクなどが咲き対馬の自然を堪能できるため、その価値は十分にある。

東南角石塁は張り出しがあり、明治時代の旧軍道を利用した登山道の、最初の分岐点に残っている。

下部は自然石、上部は目地を揃えた切石で積まれているので、後世の修復とわかる一ノ城戸（城門）。比較的なだらかな東側斜面には高く石塁が積まれ、沢ごとに城の内外を通交するための城戸が設けられている。

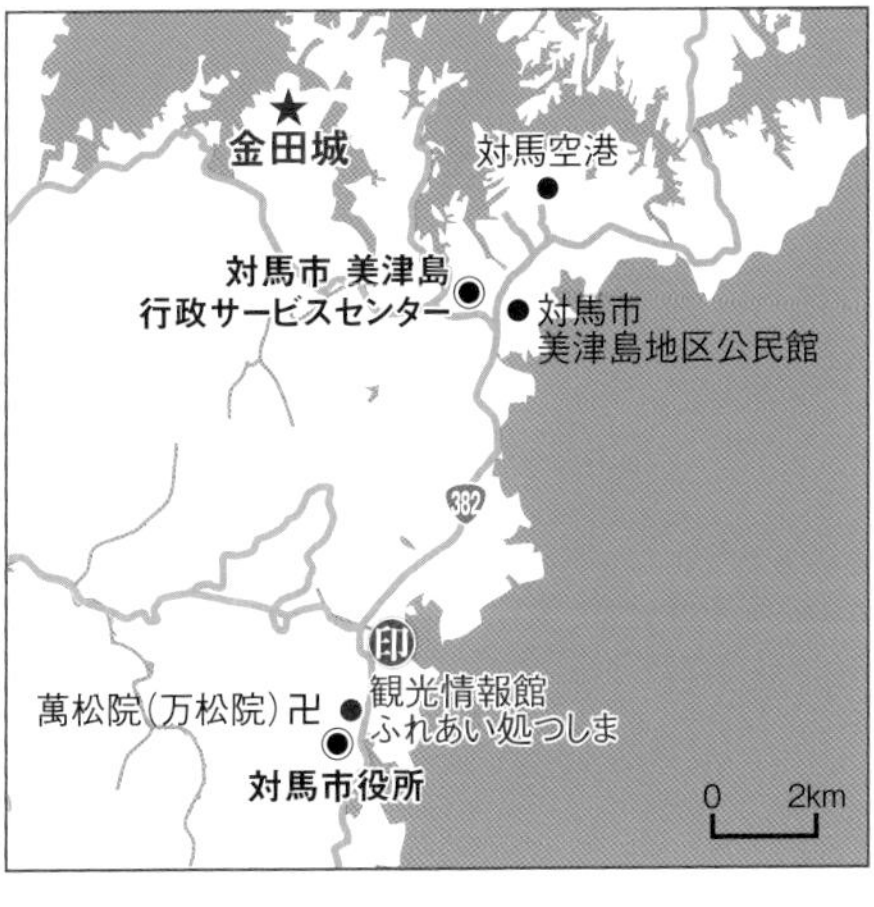

城郭DATA

築城年	天智天皇6年（667）
別名	金田城（かなたのき）
所在地	長崎県対馬市美津島町黒瀬城山
営業時間	（台風後は倒木などで通行ができない場合がある）
アクセス	登山口（登城口）まで、対馬空港から車で20分（10km）、厳原港から車で30分（17km）
定休日	ー
駐車場	あり（無料）※登山口（登城口）に5台程度
入場料	無料

御城印

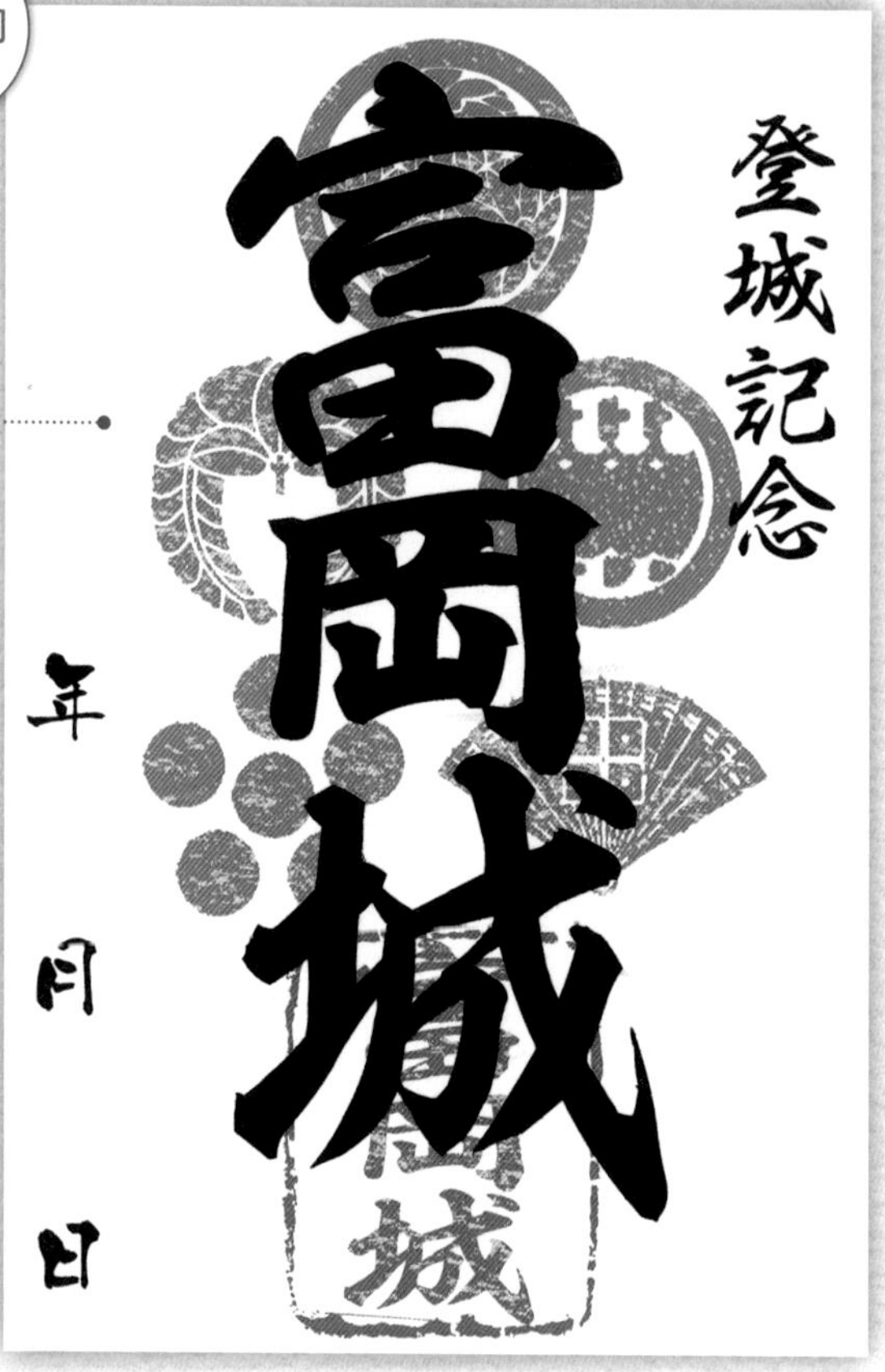

❶徳川氏「三つ葉葵」、寺沢氏「三つ幕」、戸田氏「六つ星」、鈴木氏「下がり藤」、山崎氏「檜扇に四つ目結び」。

❷難攻不落の「富岡城」にちなみ、御城印には就職や受験へ立ち向かう方への『落ちない!』ご利益もあるという。

熊本県天草郡苓北町

富岡城《とみおかじょう》

『落ちない!』ご利益もある御城印

御城印DATA

販売場所	苓北町歴史資料館
販売料金	300円(税込)

天草の中心地「難攻不落の城」

かつて富岡町は、数百年にわたり天草の中心として栄えていた。従来は慶長7年(1602)頃、肥前唐津《ひぜんからつ》藩の寺沢広高《てらさわひろたか》によって築城されたというのが通説であった。しかし近年の調査によると、すでに500年前に櫓《やぐら》を建てただけの小規模な山城《やまじろ》として存在していたと推測されている。中世の天草を支配した天草《あまくさ》五人衆(志岐《しき》・天草・上津浦《こうつうら》・大矢野《おおやの》・栖本《すもと》)のうち、志岐を根拠地としたのは志岐氏であった。

肥後国衆一揆の後、佐々成政《さっさなりまさ》に代わって肥後南藩の領主となった小西行長《こにしゆきなが》は、伊智《いち》地文太夫《じぶんだゆう》を遣わして天草を攻めた。その際、志岐氏が富岡城で応戦した結果、文太夫は討死にしたという。

そして関ヶ原の合戦の後、寺沢広高が同じ場所に新たに建てたのが、いわゆる近世富岡城で、石垣のある城郭だった。

その築城技術は朝鮮出兵の際、加藤清正《かとうきよまさ》や寺沢広高らが朝鮮の城郭から学んだものと思われ、近代兵器である鉄砲を備えるための要塞だった。

寺沢氏は富岡城に番代を配置。天草を統

現在は富岡城の本丸跡に「熊本県富岡ビジターセンター」が整備され、上・下櫓や高麗門などの整備が進み、かつての富岡城の姿を見ることができる

治したが、寛永《かんえい》14年（1637）の島原《しまばら》・天草一揆で、幕府側の拠点として一揆勢から攻撃を受けた。城を守る唐津藩兵約1500人に対して城を取り囲む一揆勢は約1万2000人。総攻撃を受けるも富岡城の守りは固く、落城を免れた。このことが一揆の早期終結と後の徳川幕府の安定をもたらしたといわれている。この一揆後、山《やま》崎《ざき》家治《いえはる》の領地となる。山崎氏が大規模な修築と拡張を行った結果、現在の富岡城の形ができた。

それから天草は天領となり鈴木代官の時代を経て、戸田忠昌《とだただまさ》時代の寛文《かんぶん》10年（1670）、破城され再び天領となる。

天領時代は三の丸に代官所が置かれて、明治維新《めいじいしん》まで富岡が天草の政治・経済・文化の中心として栄えた。

バリエーション

季節限定の御城印

春夏秋冬ごとに販売されている季節限定の御城印（※写真は冬バージョン）。1枚税込300円（通常版と2枚セット500円）。

苓北町歴史資料館では富岡城に関する歴史や、島原・天草一揆の解説や展示、また、観光情報の提供も行っている。

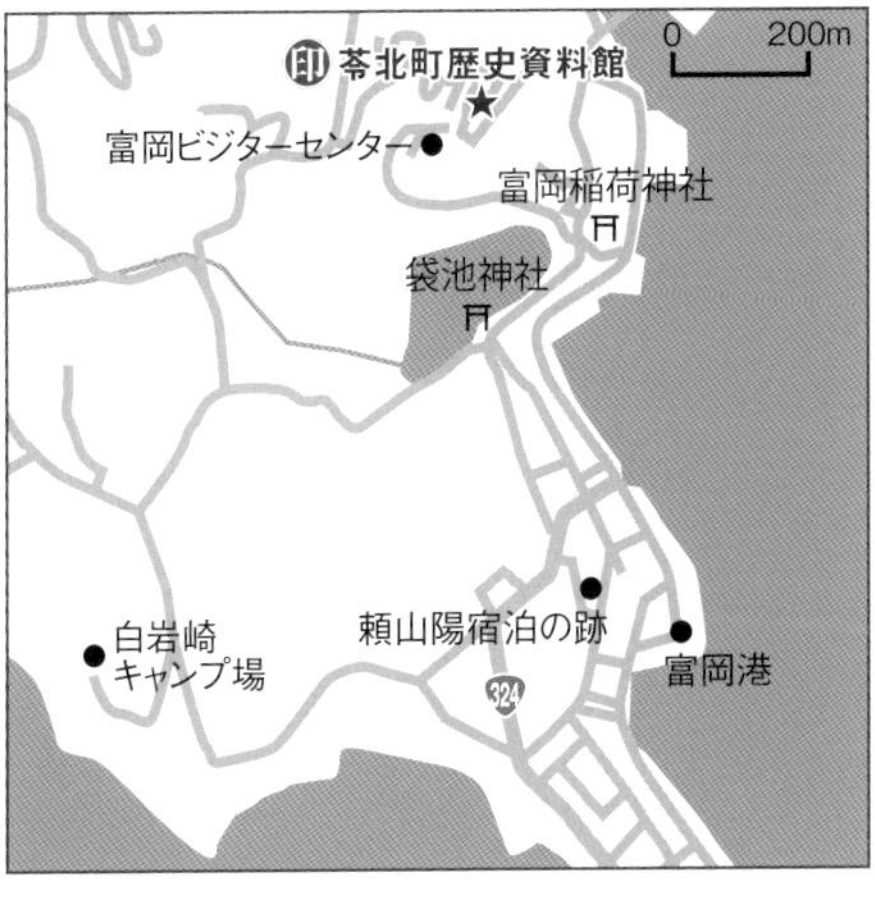

城郭DATA

築城年	諸説あり
別名	臥龍城
所在地	熊本県天草郡苓北町富岡字本丸2245-11
営業時間	9:00～17:00（最終入館16:45）
アクセス	バス「富岡港」下車徒歩20分
定休日	木曜日（祝日の場合は翌日）
駐車場	あり（無料）
入場料	大人100円

大分県中津市

続日本100名城／県指定史跡

中津城《なかつじょう》

軍配とシルエットが押された手書きの登城符

御城印

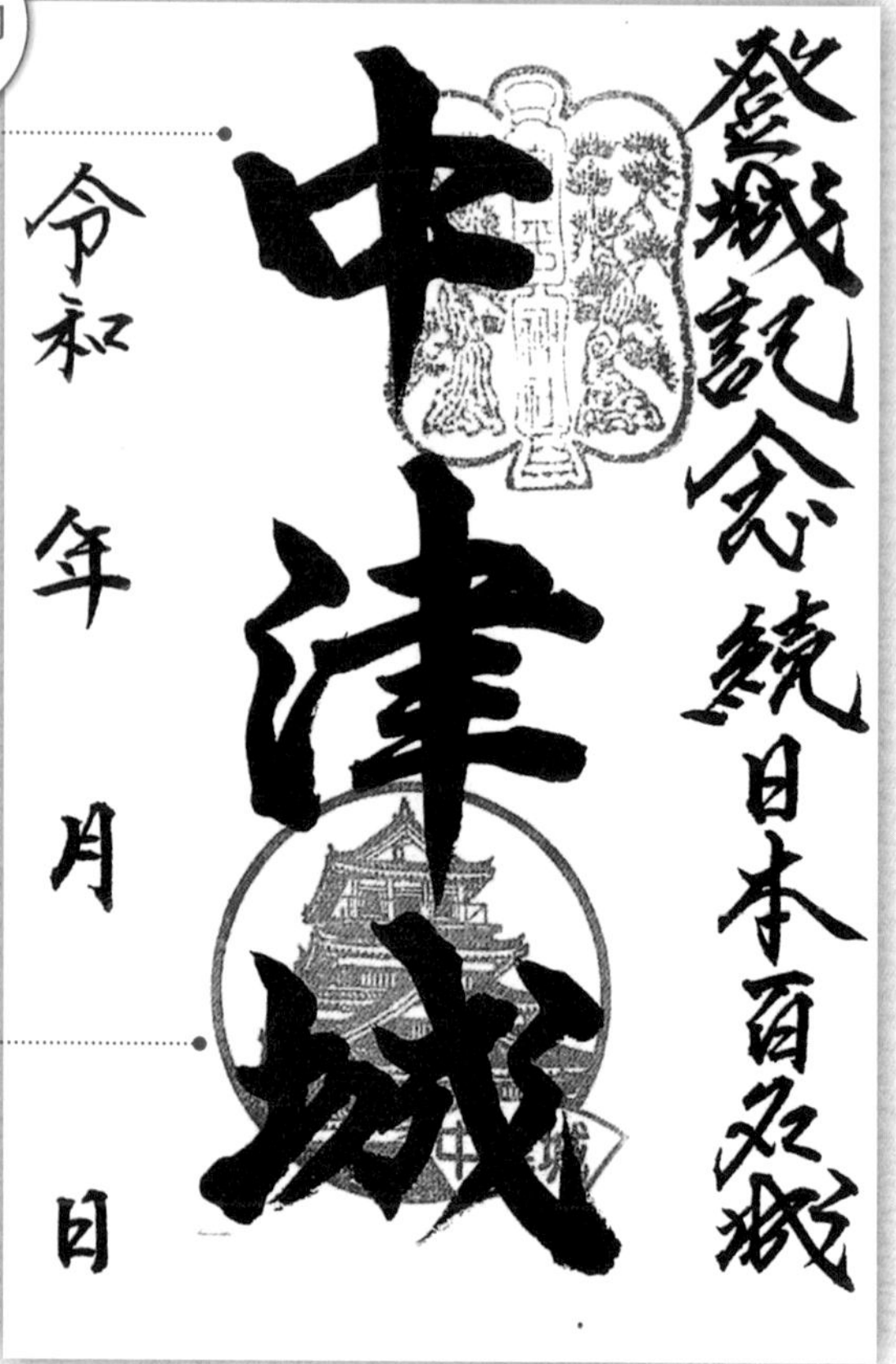

❶奥平家家紋軍配の印と中津城シルエットの印。

❷中津城では天守登城符と呼ばれる。文字は印刷ではなく手書き。中津城敷地内にある最後の藩主奥平家を祀っている奥平神社の御神印もある（1枚500円）。

御城印DATA

販売場所	中津城内
販売料金	300円（通常記念符）、800円（月30枚限定の記念符）（各税込）

奥平家代々の居城となった海城

この城は黒田孝高《よしたか》（官兵衛《かんべえ》）が豊前入国当初、馬ヶ岳《うまがたけ》城を居城としたが、山城では城下町づくりができないため平地に移すことを考え、天正《てんしょう》16年（1588）に着工した。しかし、未完成のうちに10年以上が経過。関ヶ原の合戦後は細川忠興《ほそかわただおき》が入封《にゅうほう》し、小倉《こくら》城と平行して大修築も開始した。完成後、忠興は家督と小倉城を三男忠利《ただとし》に譲り、中津城に隠居した。

享保《きょうほう》2年（1717）、8代将軍徳川吉宗《とくがわよしむね》から西国の抑えを期待されて入城したのが奥平《おくだいら》家7代の昌成《まさしげ》。以後、日本における蘭学の発展に貢献した11代昌高《まさたか》をはじめとして数々の名君を輩出した。明治4年（1871）、15代昌邁《まさゆき》の代に廃藩置県を迎えたが、その間154年に渡り奥平家の居城となった。

廃藩置県の際、藩士福沢諭吉《ふくざわゆきち》の進言によって城内のほとんどの建造物が破却。小倉県中津支庁舎として御殿だけが存続することになるも、それも明治10年（1877）の西南戦争で焼失してしまった。

昭和39年（1964）には、旧藩主奥平

昭和39年（1964）、旧藩主の子孫奥平昌信氏によって、本丸北東隅に五重の模擬天守、その南側に復興2重櫓が建てられた。中津市民からの寄付も多く集まった。

家が中心となって、天守が建造された。以来、この新城は中津市のシンボルとして親しまれてきた。平成23年（２０１１）からは新たな運営会社によって新生中津城が誕生し、様々なイベントが催されている。

梯郭式《ていかく》と連郭式《れんかく》を組み合わせた縄張《なわばり》で、北側が中津川に守られた後堅固《うしろけんご》の城。河口デルタ地帯を利用し、城下は総構《そうがまえ》で囲まれていた。中津川に面して開かれ、河川から直接本丸につながっていた鉄門は現在、石垣で開口部が埋められている。

計22基の櫓《やぐら》と8棟の城門が築かれ、現在の模擬天守最上階からは、中津川河口の先の周防灘《すおうなだ》まで一望できる。本丸の北東面の石垣には、黒田氏の時代と細川氏の時代の継ぎ目を見ることができ、歴史が感じられる。また、敷地内には最後の藩主奥平家を祀る奥平神社がある。

バリエーション

見開き版の記念符

黒田の印と中津城シルエットの印が捺され、右側には黒田官兵衛の名言があり、左側に中津城の文字と日付が記される（税込800円）。

城郭DATA

築城年	天正16年（1588）
別名	丸山城、人家城、扇城、小犬丸城
所在地	大分県中津市二ノ丁本丸
営業時間	9:00～17:00
アクセス	JR日豊本線「中津駅」から徒歩約15分
定休日	なし
駐車場	あり（無料）
入場料	400円

御城印

大分県竹田市

国指定史跡

岡城《おかじょう》

岡藩を統治した中川氏の家紋をデザイン

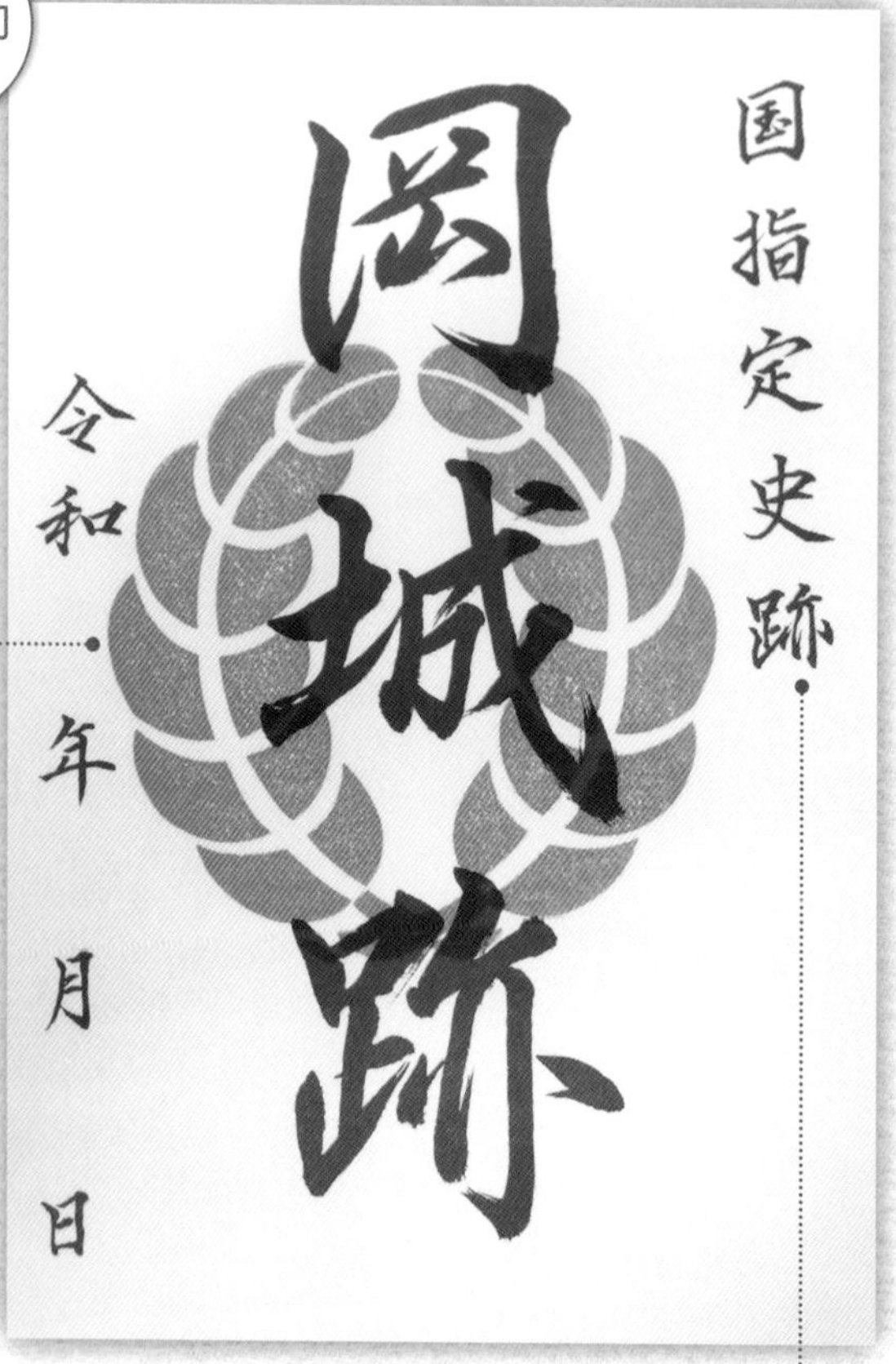

❶岡城跡は昭和11年12月16日に国指定史跡に指定されている。

❷江戸時代に岡城城主であった中川氏の家紋「柏紋」。

御城印DATA

販売場所	岡城跡料金所
販売料金	300円（税込）

荒城の月の舞台にもなった城

標高325mの高台にそびえ立つ岡城は、文治《ぶんじ》元年（1185）に大野郡緒方荘《おおのぐんおがたのしょう》の緒《お》方惟栄《がたこれよし》が源頼朝《みなもとのよりとも》の弟、義経《よしつね》を迎えるために築城したと伝えられる。南北朝なかばには、豊後大友《ぶんごおおとも》氏の分家である志賀《しが》氏が進出し、のちに岡城を居城としたという。

時代が下り天正《てんしょう》14年（1586）、大友氏と島津《しまづ》氏による豊薩《ほうさつ》戦争が起こると、島

バリエーション

切り絵タイプの御城印

切り絵タイプの御城印もあり、三の丸の高石垣がモチーフとなっている。柏紋が透かしになっており、桜と紅葉も散りばめられている（税込800円）。

大手門への上り坂。

津の大軍が岡城を襲ったが、わずか18歳の志賀親次《ちかつぐ》は島津から城を守り、豊臣秀吉《とよとみひでよし》から感状を与えられている。このことから難《なん》攻不落《こうふらく》の名城といわれている。ところが、文禄《ぶんろく》2年（1593）、大友義統《おおともよしむね》が領地を没収されると、志賀親次も城を去ることになった。翌年、中川秀成《なかがわひでしげ》が入封《にゅうほう》。石垣造りの城に改修。岡城を近世城郭の形に整えた。本丸、二の丸、三の丸、西の丸などの曲輪《くるわ》からなっており、城の形が牛の寝ている姿に似ていたことから別名「臥牛《がぎゅう》城」とも呼ばれる。

明治になり版《はん》籍奉還《せきほうかん》後、明治4年（1871）には、14代277年間続いた中川氏が廃藩置県によって東京に移住。城の建物はすべて取り壊され、その長い歴史を閉じた。

岡城は明治の作曲家瀧廉太郎《たきれんたろう》の「荒城の月」の舞台としても有名である。瀧は少年時代を竹田で過ごし、荒れ果てた岡城に登って遊んだ印象が深かったという。明治34年（1901）に中学校唱歌として「荒城の月」を作曲し、発表している。二の丸には瀧廉太郎像も建てられている。

今もなお多くの観光客が訪れ、本丸からは、九重連山、近戸門からは阿蘇山と城下町を一望できる。城内にはたくさんの桜の木があり、「日本さくら名所100選」にも選ばれている。毎年4月上旬には、雅な大名行列が行き交う「岡城桜まつり」が開催されている。

西中仕切から見た石垣。

城郭DATA

築城年	文治元年（1185）
別名	臥牛城
所在地	大分県竹田市大字竹田
営業時間	9:00～17:00
アクセス	JR豊後竹田駅から車で5分
定休日	12月31日～1月3日
駐車場	あり（無料）
入場料	300円

御城印

鹿児島県いちき串木野市

串木野城《くしきのじょう》

亀をモチーフにデザインされた城郭符

❶島津家久が串木野城に入城し、豊久が誕生した「元亀元年」、そして串木野城の別名「亀ヶ城」、さらには豊久の花押が亀に似ていることに因み、城郭符も亀をモチーフにしたデザインとなっている。

※城郭符（御城印）の売り上げは全額串木野城址整備、保全の為に使用されている。

御城印DATA

販売場所	いちき串木野市総合観光案内所（食彩の里いちき串木野内）
販売料金	300円（税込）

島津豊久生誕の地

承久《じょうきゅう》2年（1220）頃に串木野《くしきの》三郎忠道《さぶろうただみち》によって築城された。後に5代目の忠秋《ただあき》が南北朝合戦で南朝方に味方して、島津《しまづ》の5代貞久《さだひさ》と戦い、興国《こうこく》3年（1342）頃、落城し、忠秋は知覧《ちらん》へ逃れた。それ以降、この地は島津の支配となった。

文明《ぶんめい》6年（1474）、川上忠塞《かわかみちゅうさい》が城主に任じられた。15代島津貴久《たかひさ》は、山田蔵人を串木野・市来《いちき》の地頭《じとう》に任じ、17代義弘《よしひろ》は弟家久《いえひさ》を串木野限之城の地頭に任じている。

元亀《げんき》元年（1570）に島津義弘の弟である島津家久が城主となり10年間居城している。また同年に甥である豊久《とよひさ》もこの地で生まれている。豊久は慶長《けいちょう》5年（1600）の関ヶ原の合戦において、敵中を突破するために、奮戦して討ち死にしている。豊久は、西軍の敗北が確定的になったとき、玉砕を意識した義弘を説得。敵の総大将である家康の本陣の脇を抜けて撤退するという、大胆な作戦を提案。島津軍は、福島正則《ふくしままさのり》や小早川秀秋《こばやかわひであき》の軍を突破すると、義弘は無事に脱出し、島津家は生き残ることができた。のちに「島津の退き口」

と呼ばれ、その武勇を世に知らしめた。

串木野城の外曲輪《そとくるわ》は１１２５ｍで、城内には６つの拠点と３つの展望所の９つの小丘がある。自然の地形を利用した砦で、小丘間には長短の空堀が小さな山城を複雑化している。

串木野城を主城として、五反田川南岸に浜ヶ城・栫《かこい》城・坂下城が出城として東西に配置されている。現在、城址には土塁《どるい》と空《から》堀《ぼり》の遺構を竹林の中に確認できる。

串木野城跡周辺には、地頭仮屋跡、旧入来邸武家屋敷、串木野氏の墓などの史跡もある。

串木野城址（家久が父の貴久供養のため建立した「大中公廟」前から臨んだ全景）

旧入来邸武家屋敷はいちき串木野市における幕末期の武家屋敷を代表するもの。庭木としてイヌマキ（犬槙）、ゴヨウマツ（五葉松）も江戸時代頃と考えられ、市内で最も古い。

城郭DATA

築城年	承久2年（1220）頃
別名	亀ヶ城、城山
所在地	鹿児島県いちき串木野市上名
営業時間	ー
アクセス	JR鹿児島本線・串木野駅から徒歩約20分
定休日	ー
駐車場	あり（※串木野城址より徒歩5分の上名交流センター駐車場をご利用ください）
入場料	ー（※串木野城址は私有地であるため、入城ご希望の方は事前にいちき串木野市総合観光案内所TEL0996-32-5256までご連絡ください）

御城印

鹿児島県薩摩川内市

国指定史跡

清色城《きよしきじょう》

版画で刷られているオリジナル城郭符

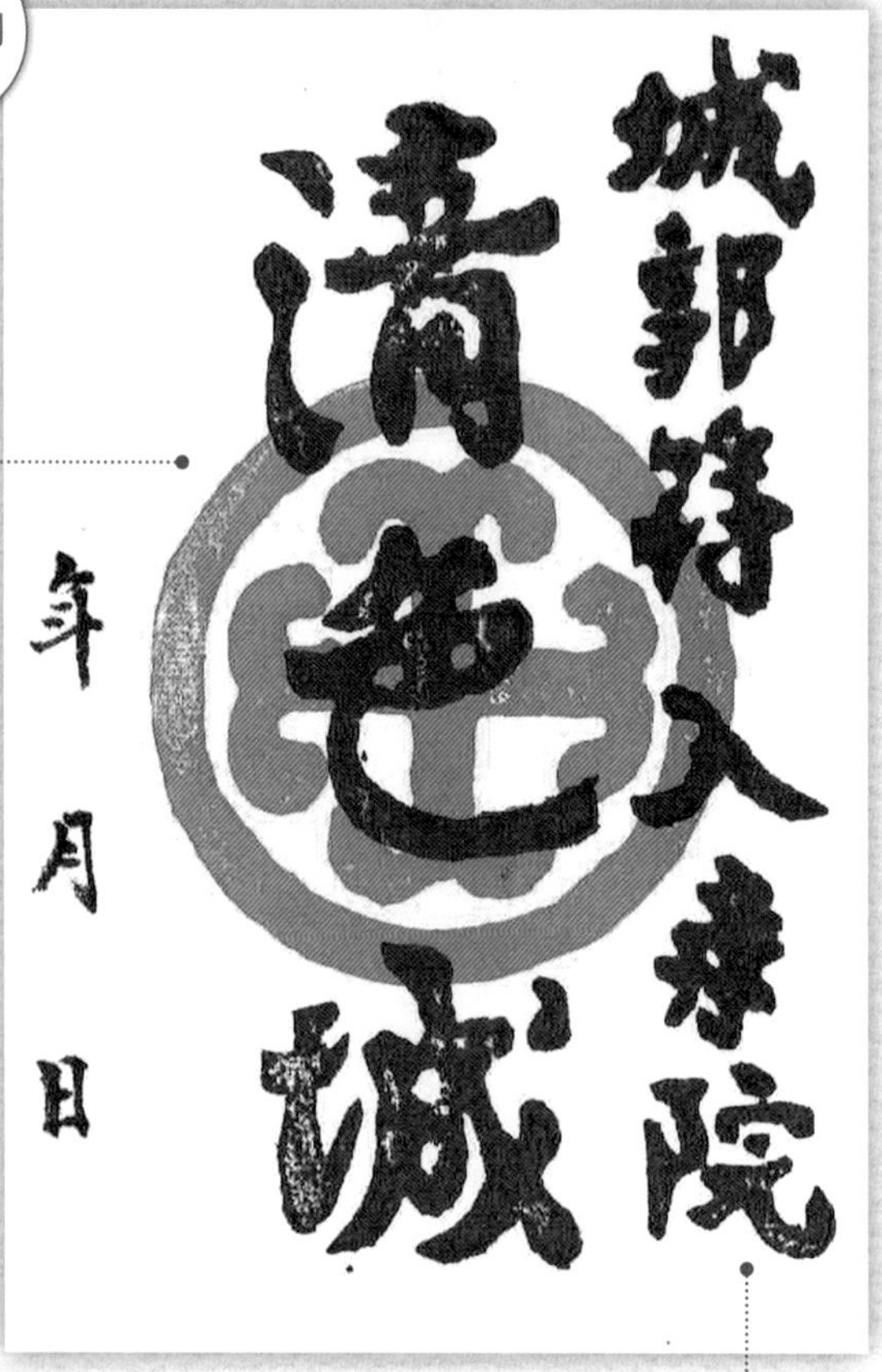

❶入来院氏の家紋「唐草に丸に十文字」。家紋と文字は版画で刷られている。

❷お城の観光記念符として、清色城では呼びやすく、オリジナリティを出すために「城郭符」と名付けられた。売り上げの一部は入来麓武家屋敷群の保存活動にあてられている。

御城印DATA

販売場所	入来麓観光案内所 9:00～17:00（休日：12月29日～1月3日）
販売料金	300円（税込）

中世の町並みを今に残す

清色城は、南北朝時代（永和年間の1375～1379年頃）に築城されたと考えられ、入来院《いりきいん》氏の居城であった。入来院氏はもともと鎌倉時代に地頭職《じとう》であった関東武士の渋谷《しぶや》氏で、相模の国からこの地に入り、「入来院」と名乗った。

南北朝の争乱の際、入来院氏は南朝方に味方し、島津《しまづ》氏と抗争を繰り広げた。南北朝合一後も戦いを続けたが、応永《おうえい》4年（1397）、島津の大軍に包囲され、清色城を開城し、逃れ去ったという。後に島津氏の家臣に組み込まれた。

清色城はシラスの丘陵を利用した典型的な山城《やまじろ》で、本丸《ほんまる》、西之城《にしの》、松尾《まつお》城、求聞持《ぐもんじ》城、物見之段《ものみのだん》など16の曲輪《くるわ》からなっており、平成16年（2004）に国の史跡に指定された。

麓には入来麓武家屋敷群《いりきふもとぶけやしきぐん》があり、河川を天然の堀に見立て、その内側に住地を配し、曲がりくねった街路が特徴的で、戦国期の代表的な例といえる。

薩摩《さつま》藩は、藩内を外城と呼ばれる110余りの行政区画に分けて、武士団を鹿児島市内の本城に集結させず分散統治したが、その統治の中心を麓と呼んだ。入来のほぼ中央部に位置する麓地区は、清色城を中心に、かやぶき門、大手口前の濠や広馬場、お仮屋跡など史跡・文化財が多く残っている。かやぶき門は中世の入来院家の様式を今に伝える門で類似の造りは県内でも他に数棟のみという。お仮屋馬場は、武士たちが乗馬や武術の訓練を行った場所である。

また、旧増田家住宅は平成26年に国の重要文化財に指定された、茅葺屋根が特徴で、明治6年頃に建築された母屋を中心に見学することができる。なお、入来麓武家屋敷群は、国の重要伝統的建造物群保存地区に選定され、令和元年に認定された日本遺産「薩摩の武士が生きた町」の構成文化財となっている。

この地域には、『入来院家文書』と呼ばれる、入来院家や家臣家に伝わる中世からの古文書があり、日本の封建制度を知る上で重要な史料集といわれている。

人一人が通れるほどの細い通路は、垂直にそそり立つ堀切。高さ20〜30mある。敵が攻めて来たときは上から石を落として侵入を防いだ。

上空からの入来麓地域の様子。中世からの名残を残す町並みとしてよく保存されている。

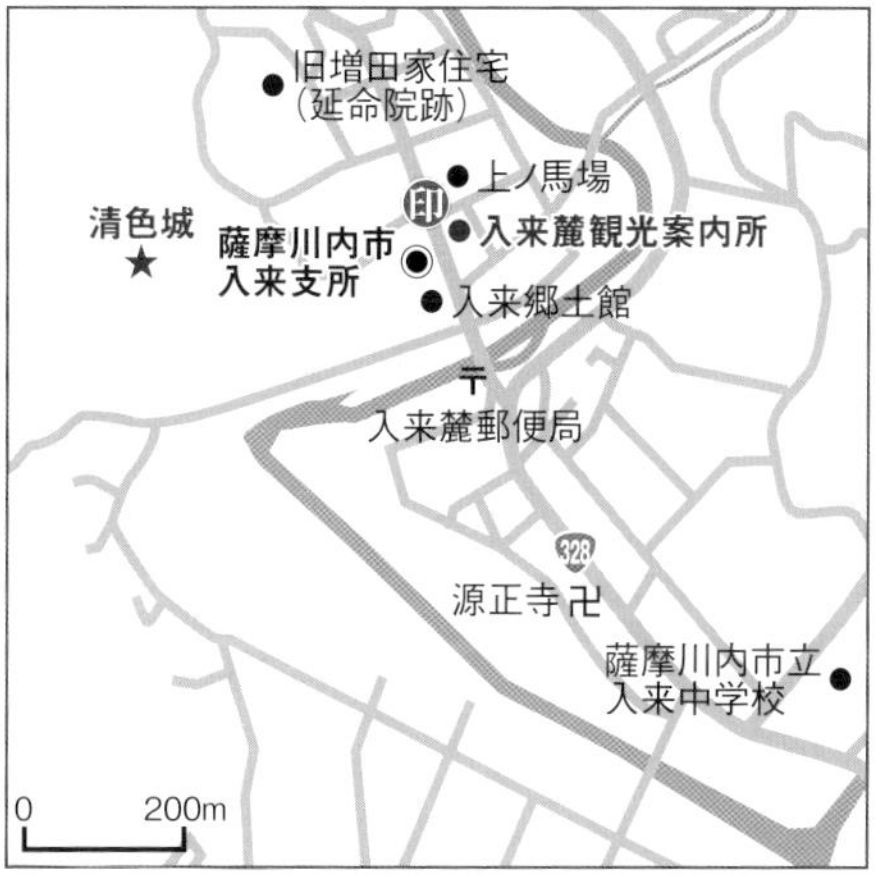

城郭DATA

築城年	永和年間(1375〜79)頃
別名	ー
所在地	鹿児島県薩摩川内市入来町浦之名
営業時間	ー
アクセス	JR川内駅から車で25分。
定休日	ー
駐車場	あり(無料)
入場料	ー

かごしま城郭符

「かごしま城郭符普及協会」（事務局：株式会社宙の駅）が発行・販売している城郭符シリーズ。現在、第4弾まで計40枚があり、収益の一部は史跡の保全や整備などに活用されている。

給黎城《きいれじょう》

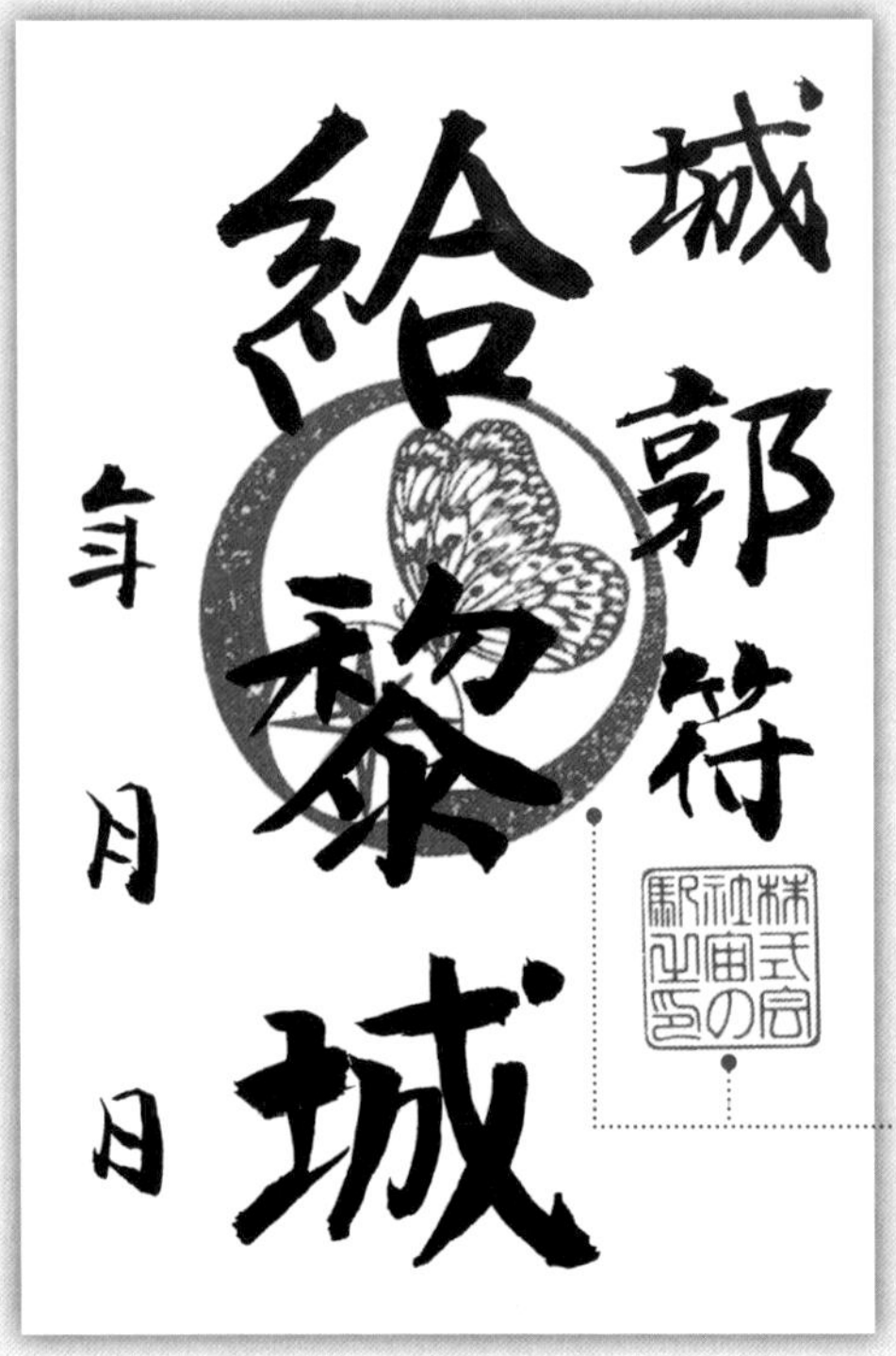

中央に押されている蝶のマークの印は、宙の駅の社章。また角印も宙の駅の角印が押印されている。

築城時の詳細は定かではない。文禄4年（1595）より代々肝付氏の居城となり、当時の地域において政治の中心的役割を果たしてきた。

城郭DATA

住　所	鹿児島市喜入町7861
アクセス	JR喜入駅から徒歩約18分
入 場 料	ー（私有地）

バリエーション

高橋英樹氏書き下ろし プレミアム城郭符

薩摩大使で俳優の高橋英樹氏が書き下ろしたプレミアム城郭符。「鹿児島城」と「志布志城」の1種類ずつあり、それぞれ250組限定（1枚税込1500円）。

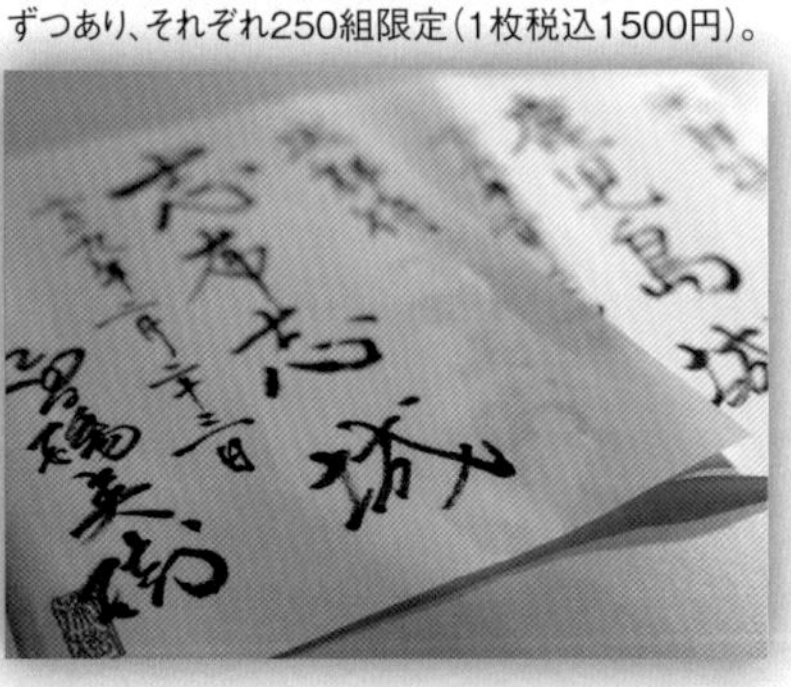

御城印DATA

頒布場所
かごしま城郭符普及協会HP、宙の駅HP、音楽館Rain(鹿児島市東千石町15-15-2F) ※志布志城のみ志布志市観光特産品協会でも販売。
金額
各1枚300円（税込）

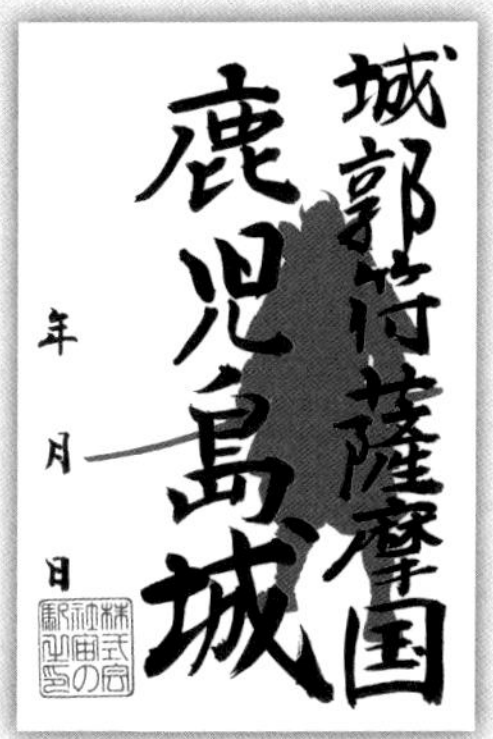

鹿児島城《かごしまじょう》

島津家第18代当主・家久が、慶長6年（1601）頃に築城した島津氏の居城で別名「鶴丸城」。昭和28年9月7日に県の史跡に指定されている。

城郭DATA

住　所	鹿児島市城山町7-2
アクセス	市電市役所前駅から徒歩約5分
入場料	無料

志布志城《しぶしじょう》

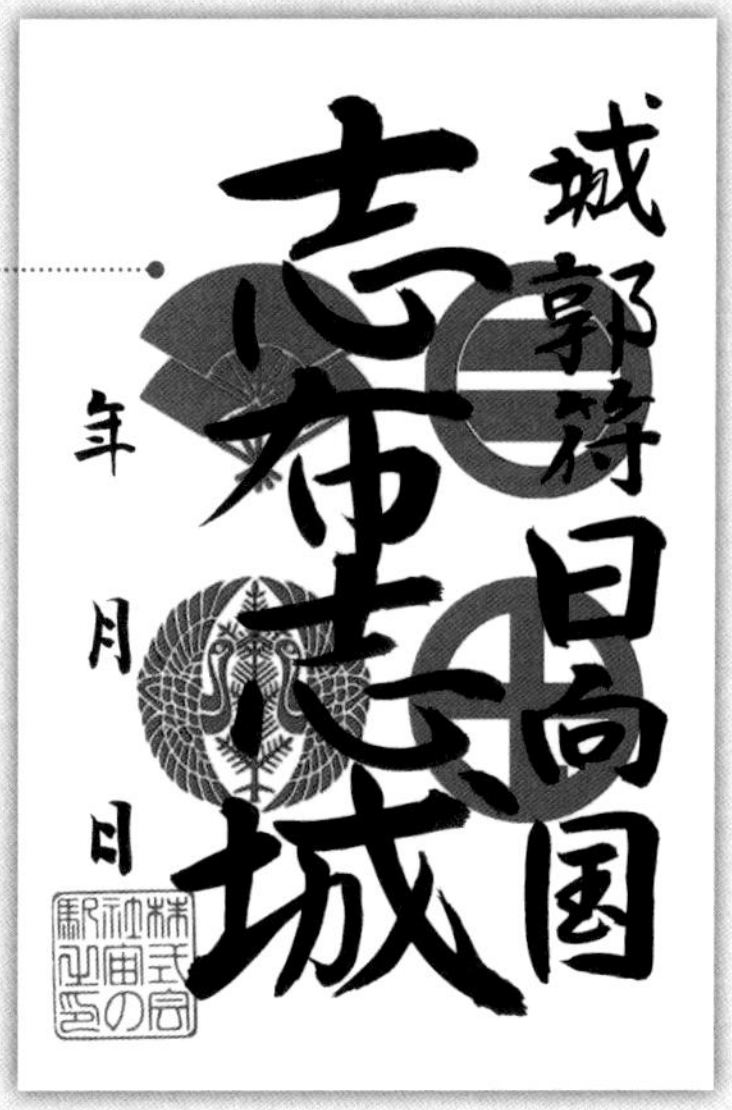

朱印は左上が楡井氏「二つ扇」、右上が畠山氏「二つ引両」、左下が肝付氏「対い鶴喰若松」、右下が新納氏「丸に鍵十字」の家紋が配されている。

志布志市志布志町の前川河口部、シラス台地の先端にある4つの中世山城、内城・松尾城・高城・新城を総称して「志布志城」と呼ぶ。

城郭DATA

住　所	（内城跡）志布志市志布志町帖6380
アクセス	JR志布志駅から徒歩約22分
入場料	無料

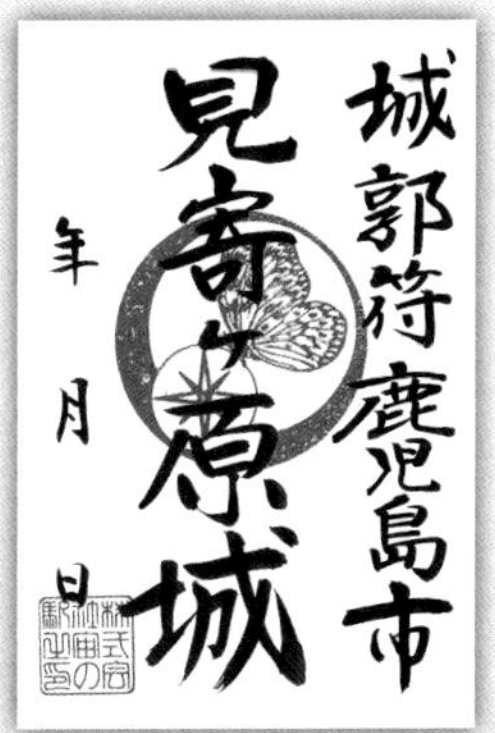

見寄ヶ原城《みよりがはらじょう》

後醍醐天皇の命を受けた皇子懐良親王が興国3年（1342）、征西将軍として薩摩に入り、南朝方の谷山郡司に迎えられ、御所原（見寄ヶ原）本陣を築いた。

城郭DATA

住　所	鹿児島市上福元町6945-1
アクセス	JR慈眼寺駅から徒歩約35分
入場料	無料

東福寺城《とうふくじじょう》

鹿児島市で初めて造られた城。催馬楽(せばる)城に本拠を置く矢上氏らが守っていたが、1341年に陥落。1363年に大隅守護所が置かれたが、後に今川氏、伊東に奪われている。

城郭DATA

住　所	鹿児島市清水町39
アクセス	JR鹿児島駅から徒歩約15分
入場料	無料

清水城《しみずじょう》

島津氏7代目当主・元久が築城した城であり、14代目当主・勝久の時代まで、島津氏宗家の居城となった。現在の清水中学校の位置にあり、城郭遺構はない。

城郭DATA

住　所	鹿児島市稲荷町36-29
アクセス	JR鹿児島駅から徒歩約22分
入場料	ー（私有地）

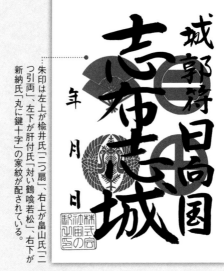

建昌城《けんしょうじょう》

享徳年間（1452～1455）、島津季久が築いた城郭。南北650m、東西1100mの大規模な山城として築城されたと伝わる。数十mにわたって直線で残る馬上馬場跡は必見。

城郭DATA

住　所	姶良市西餅田2185
アクセス	JR姶良駅から徒歩約50分
入場料	無料

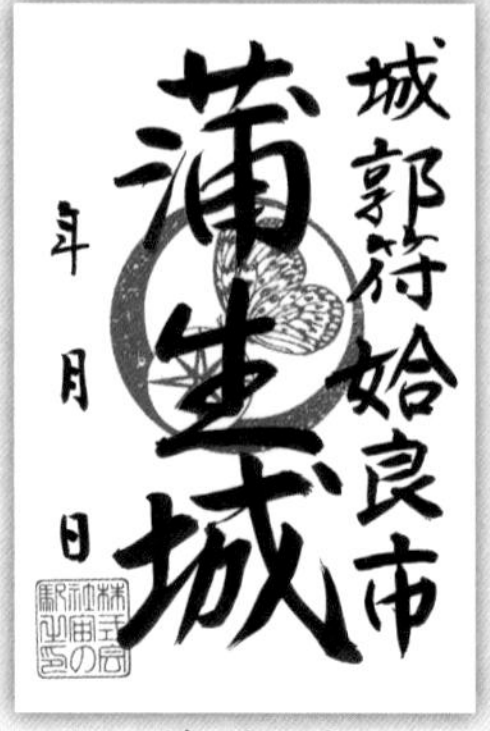

蒲生城《かもうじょう》

蒲生氏の祖・藤原舜清が1124年頃に築いたと伝えられる。島津貴久の領国統一のヤマ場「大隅合戦」の激戦地として知られ、最後は蒲生氏が火を放って城を離れた。

城郭DATA

住　所	蒲生町久末3459-4
アクセス	蒲生総合支所から徒歩約20分
入場料	無料

谷山本城《たにやまほんじょう》

谷山氏が15世紀初頭まで島津氏と激しい合戦を繰り広げ、その中核となった城。幾度も島津勢が城攻めした記録があり、最終的に天文8年（1539）、貴久に攻略された。

城郭DATA

住　所	鹿児島市下福元町1485
アクセス	JR慈眼寺駅から徒歩約8分
入場料	無料

鮫島城《さめしまじょう》

建久3年(1192)、源頼朝より阿多郡の地頭職に任ぜられた鮫島宗家が、本拠として築いた城。その後同氏は応永27年(1470)、島津守護家に属し城は伊作家との戦いの舞台となった。

城郭DATA

住　所	南さつま市金峰町宮崎
アクセス	JR鹿児島中央駅から車で約50分の距離
入場料	無料

加世田城《かせだじょう》

治承元年（1177）に別府忠明が築き、鎌倉末～南北朝期に忠明の子孫が領域統治の拠点に仕上げた。しかし応永27年（1420）に島津守護家8代久豊の所領となった。

城郭DATA

住　所	南さつま市加世田武田17917
アクセス	JR鹿児島中央駅からバスで加世田まで約1時間30分
入場料	無料

肝付高山城《きもつきこうやまじょう》

大隅最強の国人・肝付家が、戦国期に島津氏による領国支配が及ぶ元亀2年（1571）までの500年以上に渡り、拠点にしていた城。県内初の国指定史跡でもある。

城郭DATA

住　所	肝属郡肝付町新富9110
アクセス	肝付町役場から車で約10分
入場料	無料

伊作城《いざくじょう》

伊作島津氏の本拠地であり、本丸は亀丸城と呼ばれる。島津忠良のみならず、貴久の子義久ら4兄弟もここで生まれている。鹿児島県内でも屈指の巨大な山城である。

城郭DATA

住　所	日置市吹上町中原3415
アクセス	JR鹿児島中央駅から車で約30分
入場料	無料

伊集院城《いじゅういんじょう》

鎌倉時代の初め、伊集院郡司の紀四郎時清が初めての城主となり、のちに島津本家の城となったが、天文19年(1550)に島津貴久が内城へ移ったのを機に廃城となった。

城郭DATA

住　所	日置市伊集院町大田700
アクセス	JR伊集院駅から徒歩約15分
入場料	無料

田布施城《たぶせじょう》

別名を亀ヶ城という。島津相州家歴代の居城であり、島津家15代藩主貴久誕生の城である。亀ヶ城跡には、貴久を祭る亀ヶ城神社が建ち、曲輪等の遺構が麓集落の東側に散在している。

城郭DATA

住　所	南さつま市金峰町尾下3007
アクセス	JR鹿児島中央駅から車で約40分
入場料	無料

苦辛城《くららじょう》

鎌倉時代から戦国時代に及ぶ時期の山城であり、天文8年(1539)、紫原合戦の舞台の一つ。皇徳寺ニュータウンの造成工事の際の発掘調査にて、大規模な城跡であったことが分かっている。

城郭DATA

住　所	鹿児島市皇徳寺台2-50
アクセス	JR鹿児島中央駅から車で約25分の距離
入場料	無料

玉林城《ぎょくりんじょう》

天文8年(1539)、紫原合戦で最後に降伏した城である。現在は、伊佐智佐神社の駐車場の一角に「玉林城址」と刻まれた石碑が立っている。神前城ともいう。

城郭DATA

住　所	鹿児島市和田町1064-1
アクセス	JR坂之上駅から徒歩約15分
入場料	無料

南郷城《なんごうじょう》

当城の築城年は不明だが、平安時代末期には桑波田氏が治めていたと考えられる。南北朝時代から島津氏と競合し、天文2年(1533)まで島津忠良、貴久親子と激しく対決した。

城郭DATA

住　所	日置市吹上町永吉14127
アクセス	JR伊集院駅から車で約20分
入場料	無料

出水城
いずみじょう

建久8年(1197)、和泉兼保が築いたとされる。島津義弘が帖佐の居城の門を出水に移したもと伝わる。出水麓武家屋敷の仮屋門は国の伝統的建造物保存地区に選定された。

城郭DATA

住　所	出水市麓町1572
アクセス	肥後おれんじ鉄道 出水駅から徒歩約35分
入場料	無料

鹿屋城
かのやじょう

かつては鹿屋氏や伊集院忠棟、島津久信らの居城であった。永生18年(1521)、豊州島津忠朝により、攻略されている。山城であったが、現在は土塁や空堀を残している。

城郭DATA

住　所	鹿屋市北田町12-1
アクセス	JR志布志駅から車で約40分
入場料	無料

岩剣城
いわつるぎじょう

標高約225mの山頂部に築かれた山城である。蒲生方によって享禄2年(1529)頃に築城された。天文23年(1539)、島津義久・義弘ら兄弟が揃って出陣としたことでも有名。

城郭DATA

住　所	姶良市平松5230
アクセス	JR重富駅から徒歩約30分
入場料	無料

虎居城
とらいじょう

虎居城は、平安時代末期に祁答院郡司の大前氏によって築城されたと伝えられている。その後、幾度も城主が変わり、のちに豊臣秀吉に切腹を命じられる島津歳久が城主になっている。

城郭DATA

住　所	薩摩郡さつま町宮之城屋地
アクセス	JR川内駅から 車で約30分の距離
入場料	無料

亀井山城
かめいやまじょう

北部薩摩を代表する中世山城跡。平安時代末期に種国という人が築城したと伝わる。鎌倉後期～南北朝期には、山門院司の本拠であったことがわかっている。

城郭DATA

住　所	出水市野田町上名
アクセス	肥薩おれんじ鉄道 野田郷駅から徒歩約20分
入場料	無料

木牟礼城
きむれじょう

島津氏が鹿児島に初めて構えた城。文治2年(1186)、島津忠久が薩摩・大隅・日向三国の地頭職に任ぜられた際、家臣の本田貞親に命じて、山門院の木牟礼に築かせた城である。

城郭DATA

住　所	出水市高尾野町江内
アクセス	肥薩おれんじ鉄道 野田郷駅から徒歩約30分
入場料	無料

栗野松尾城
くりのまつおじょう

もともと北原氏の居城であったが、天正18年（1590）に島津義弘が入城した南九州唯一の山城跡である。義弘が造った石垣や石段が今も残り、大手門が復元されている。

城郭DATA

住　所	姶良郡湧水町木場
アクセス	JR栗野駅から徒歩約15分
入場料	無料

横川城
よこがわじょう

乗久2年（1220）、横川時信が築城したと伝わる。永禄5年（1562）、城を守っていた北原氏の後継者争いが起こり、そこに島津貴久が攻撃を開始。落城後、廃城となった。

城郭DATA

住　所	霧島市横川町中ノ
アクセス	JR大隅横川駅から徒歩約25分
入場料	無料

国分新城
こくぶしんじょう

築城年は不明だが、島津義久が慶長9年（1604）に隼人IC近くの富隈城から移ってきて慶長16（1611）年に79歳で没するまで居城したとされている城。

城郭DATA

住　所	霧島市国分中央2-4-8
アクセス	JR国分駅から徒歩約15分
入場料	無料

野間之関
のまのせき

肥後との国境にある野間之関は、薩摩第一級の番所であり、その峻厳さをもって全国に知られていた。1600年前後に設けられた薩摩の三大関の一つである。

城郭DATA

住　所	出水市下鯖町5023-1
アクセス	肥薩おれんじ鉄道 米ノ津駅から徒歩約15分
入場料	無料

垂水林之城
たるみずはやしのじょう

垂水島津家四代領主久信が築き、慶長16年（1611）、垂水城から家臣団と共に移ってきた。現在も長屋と石垣が残っており、2019年5月には鹿児島県初の日本遺産にも登録されている。

城郭DATA

住　所	垂水市田神144
アクセス	JR国分駅から車で約1時間
入場料	無料

知覧城
ちらんじょう

文和2年（1353）、足利尊氏によって島津忠宗の三男、佐多忠光に知覧の領地が与えられた。以後、佐多氏の居城として知られている。現在も堀切などの遺構が認められている。

城郭DATA

住　所	鹿南九州市知覧町永里
アクセス	JR喜入駅から徒歩約20分
入場料	無料

碇山城《いかりやまじょう》

築城年代は不明だが、1330年代に島津と大きな戦を繰り広げたという。川内川を天然の堀にして、城が広大すぎたため征服しきれなかったという。現在は遺構がなく宅地である。

城郭DATA

住　所	薩摩川内市天辰町
アクセス	JR鹿児島本線 薩摩川内駅から徒歩22分
入城料	無料

川上城《かわかみじょう》

約650年前に築城されたという川上城は、天文4年(1535)に島津勝久が攻めたという記録が残る。近くは1600年代まで島津家の正月三社参りの1つだったという川上天満宮がある。

城郭DATA

住　所	鹿児島市川上町字弓場3480-1
アクセス	—
入城料	無料

本吉田城《ほんよしだじょう》

応永年間に築かれた。享禄3年(1530)、天文19年(1550)にはこの城をめぐる合戦が繰り広げられた後、島津歳久が城主になったという。別名は「カユウカ城」と呼ばれている。

城郭DATA

住　所	鹿児島市本名町
アクセス	本吉田バス停から徒歩3分
入城料	無料

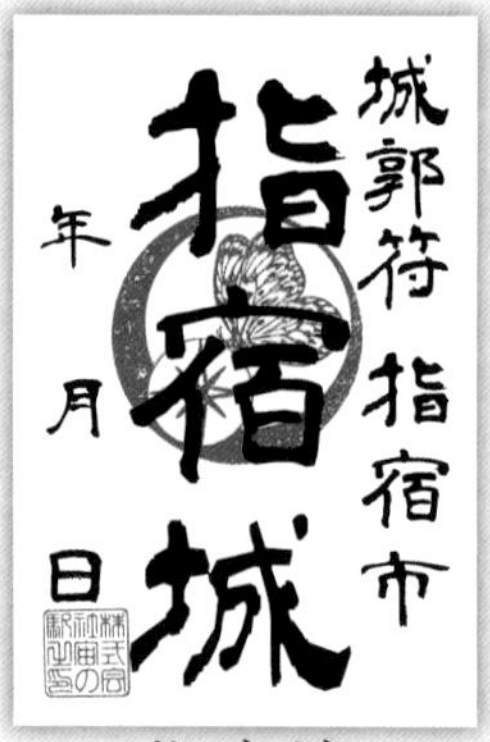

指宿城《いぶすきじょう》

現在の頴娃(えい)町の郡司、頴娃忠水の次男・忠光が築城したとされる。南北朝時代には南朝方として島津勢と戦ったが、島津元久によって制圧された。

城郭DATA

住　所	指宿市西方6830
アクセス	JR指宿枕崎線 宮ケ浜駅から徒歩15分
入城料	無料

廻城《めぐりじょう》

廻氏が平安末期に建てられたとされる。永禄4年(1561)、肝付兼続が攻め入り、島津貴久の弟・忠将が戦死。貴久は自ら兵を率いて肝付兼続を撃退し、廻城奪還に成功している。

城郭DATA

住　所	霧島市福山町福山前平
アクセス	小廻バス停から徒歩39分
入城料	無料

平佐城《ひらさじょう》

天正15年(1587)、豊臣との戦において鹿児島で唯一、秀吉軍と直接対決した城。現在、遺構は残っていないが、碑が平佐西小学校内にある。また本丸跡は竈門神社となっている。

城郭DATA

住　所	薩摩川内市平佐町2193
アクセス	JR鹿児島本線 薩摩川内駅から徒歩4分
入城料	ー

恒吉城《つねよしじょう》

鎌倉時代の築城で、都城の支城の1つ。慶長4年（1599）に起こった庄内の乱のときに伊集院惣右衛門により整備されたものが今の姿とされ大規模で城壁堅固な城であったという。

城郭DATA

住　　所	曽於市大隅町恒吉
アクセス	JR日豊本線都城駅から車で50分
入 城 料	無料

阿久根城《あくねじょう》

平安末期から戦国時代末までこの地域を治めていた莫禰(あくね) 氏の居城。莫禰氏は島津の家臣となって時代を渡り歩いたが、朝鮮出兵の際に主君が病死すると解散となった。

城郭DATA

住　　所	阿久根市山下
アクセス	肥薩おれんじ鉄道 阿久根駅から車で10分
入 城 料	無料

堂崎城《どうさきじょう》

鎌倉時代に長島氏が築城したといわれる。天文23年（1554）、人吉の相良氏の攻撃に耐えかねた長島氏は薩州島津を頼って出水に逃げたが、11年後に薩州島津の義虎の命で奪還に成功している。

城郭DATA

住　　所	出水郡長島町城川内
アクセス	肥薩おれんじ鉄道 折口駅から車で30分
入 城 料	無料

グッズ・お土産

鹿児島城御楼門デザイン
オリジナル御城印帳

2020年4月に落成した鹿児島城の御楼門デザインの御城印帳。蒲生町のスケッチ作家、浜地克徳氏の書下ろし御楼門を、石川県の大辻漆器さんが合成樹脂での塗りと絵付けで丁寧に仕上げたもの。貼り付け可能面は計44枚。サイズは縦約18cm×横約13cm×厚み約2cm。（価格:税込3,800円）

大口城《おおくちじょう》

保元の乱で武勲を挙げた平信基がこの地を与えられ、四男の元衡が築城したと言われる大口城。現在、大口小学校の裏山一帯にあたり、わずかな遺構が見られるのみである。

城郭DATA

住　　所	伊佐市大口里
アクセス	JR九州新幹線新水俣駅から車で40分
入 城 料	無料